Prix de qq. poignards. = id. de qq. médailles.

1867 (Janvier 14 au 19)

Vente les 14, 15, 16, 17, 18 & 19 Janvier 1867.

[Guastalla]

OBJETS D'ART

ET DE CURIOSITÉ

MÉDAILLES

DES XVe & XVIe SIÈCLES

COLLECTION DE M. LE Dr M. G., DE FLORENCE

COMMISSAIRE-PRISEUR :
Me CHARLES PILLET
rue de Choiseul, 11.

EXPERTS :
MM. ROLLIN ET FEUARDENT
CHARLES MANNHEIM

Mr Moraux

RENOU ET MAULDE
IMPRIMEURS DE LA COMPAGNIE DES COMMISSAIRES PRISEURS
Rue de Rivoli, 144.

CATALOGUE

D'UNE BELLE RÉUNION

D'OBJETS D'ART

ET DE CURIOSITÉ

Objets en fer; Faïences italiennes; Verrerie de Venise; Sculptures en ivoire des XVe et XVIe siècles; Médaillons en cire; Terres cuites; Sculptures en bois et en marbre; Bijoux anciens; Camées et Intailles; belle suite de Bagues, Nielles; Émaux dits byzantins et autres; Porcelaines diverses; Bronzes; Objets variés.

BELLE COLLECTION

DE

MÉDAILLES DES XVe & XVIe SIÈCLES

EN ARGENT ET EN BRONZE

BIJOUX EN OR, SCARABÉES EN CORNALINE

LE TOUT PROVENANT

du Cabinet de M. le Dr M. G., de Florence

ET DONT LA VENTE AURA LIEU

HOTEL DROUOT, SALLE N° 8

Les Lundi 14, Mardi 15, Mercredi 16, Jeudi 17, Vendredi 18 et Samedi 19 Janvier 1867, à deux heures.

Par le ministère de **Me Charles PILLET,** Commissaire-Priseur, rue de Choiseul, 11,

Assisté de **M. CHARLES MANNHEIM**, Expert, rue de la Paix, 10,

Et de **MM. ROLLIN & FEUARDENT**, Experts, rue Vivienne, 12.

EXPOSITION PUBLIQUE

Le Dimanche 13 Janvier 1867, de 1 heure à 5 heures.

PARIS — 1867

CONDITIONS DE LA VENTE

Elle sera faite au comptant.

Les Acquéreurs paieront CINQ POUR CENT en sus du prix d'adjudication, applicables aux frais.

L'Exposition mettant le public à même de se rendre compte de l'état des Objets, il ne sera admis aucune réclamation, une fois l'adjudication prononcée.

ORDRE DES VACATIONS

LE LUNDI 14 JANVIER 1867

Fers ouvrés.............................. 1 à 41
Faïences.............................. 42 à 63
Verrerie.............................. 64 à 101
Sculptures en ivoire.................... 102 à 116

LE MARDI 15 JANVIER 1867

Bijoux.............................. 128 à 269

LE MERCREDI 16 JANVIER 1867

Sculptures diverses.................... 117 à 127 bis
Émaux.............................. 270 à 280
Porcelaines.............................. 281 à 300
Bronze & Cuivre repoussé................ 301 à 317
Objets variés.............................. 318 à 333

LES JEUDI 17, VENDREDI 18 & SAMEDI 19 JANVIER 1867

Médailles, Plaquettes & Bijoux antiques...... 1 à 469

On suivra pour ces dernières séries l'ordre des numéros.

N. B. La Vacation du Samedi 19 Janvier aura lieu dans la Salle n° 7

DÉSIGNATION

DES OBJETS

Fers ouvrés.

1 — Joli fermoir d'escarcelle en fer, de forme élégante et enrichi d'arabesques damasquinées en or et en argent. XVIe siècle.

2 — Petite trousse garnie en fer doré finement gravé à mascarons et ornements. Elle renferme quatre ustensiles dont les manches en fer doré et gravé se terminent par des vases reposant sur des consoles à jour. XVIe siècle.

3 — Batterie de fusil en fer finement ciselé à figurines, mascarons et enroulements. Pièce de maîtrise, signée G.-B. Gasparini. XVIIe siècle.

4—5 — Quatre fermoirs d'escarcelle en fer, ornés de mascarons en relief. L'un d'eux est formé de tourelles gothiques découpées à jour. Ils seront vendus par deux.

6 — Deux batteries de fusil; l'une à rouet décorée d'ornements gravés, l'autre à pierre, ornée de figurines en relief.

7 à 10 — Cinq paires de grands ciseaux en fer dont trois paires enrichies d'ornements damasquinés en or et deux autres à ornements découpés à jour.

Ce lot sera divisé.

11 — Poignard à lame striée et découpée à jour et poignée damasquinée d'argent.

12 à 15 — Huit poignards, dagues et couteaux de diverses formes et époques.

Ce lot sera divisé.

16 — Poignard à lame courbe dorée portant des sujets de chasse et des arabesques, finement gravés ainsi que l'écusson des Médicis. Poignée en acier poli à cannelures.

17 — Morion en fer gravé à arabesques et mascarons, et portant des traces de dorure. XVIe siècle.

18 — Marteau de porte en fer forgé, formé d'un oiseau fantastique et d'un dragon.

19 — Tête de griffon en fer repoussé surmontant les armes de la ville de Pérouse.

20 — Flambeau en fer repoussé, enrichi d'ornements découpés à jour.

21—22 — Six plaques en fer repoussé, ciselé et découpé à jour ; l'une d'elles, damasquinée en or, présente la figure de Minerve debout.

Ce lot sera divisé.

23 — Couteau et fourchette pliants à manches en fer gravé à rosaces et arabesques dorées et argentées.

24 — Deux amorçoirs en forme de flacon, en fer damasquiné d'argent à figures et arabesques. Epoque Louis XIII.

25 — Drageoir ovale en fer repoussé à fleurs, figures et trophées, renfermant un miroir. Même époque.

26 — Petite paire de ciseaux en forme de pince à ressort, en fer finement gravé à figures et doré. Même époque.

27 — Quatre clefs en fer ciselé.

28–30 — Neuf étuis de diverses formes avec cachets; trois d'entre eux sont damasquinés d'argent.

Ce lot sera divisé.

31 — Béquille de canne en fer ciselé et pomme de canne en fer à arabesques découpées à jour. Epoque Louis XIII.

32—33 — Neuf poinçons et matrices en fer finement ciselé à figures, bustes et mascarons.

Ce lot sera divisé.

34 — Cinq pièces provenant d'attaches d'épées, en fer damasquiné en or et argent.

Une de ces pièces présente un médaillon de personnages. XVIe siècle.

35 — Quatre pommeaux d'épées en fer ciselé.

36 — Boucle ovale et six pièces provenant de fermoirs de livres, en fer gravé et découpé à jour.

37 — Trois dés, une bague et une petite pomme de canne en fer.

Cette dernière pièce est damasquinée en argent.

38 — Trois gardes d'épées et agrafe en fer ciselé et repoussé.

39 — Deux masques en fer repoussé et découpé à jour. L'un grandeur nature et l'autre de très-petite dimension.

40 — Aigle héraldique en fer forgé, et six pièces diverses en fer repoussé et ciselé.

41 — Vase de fleurs en fer forgé.

Faïences.

42 — Fabrique de Gubbio. — Fragment de plat à décor à reflets métalliques; sujet tiré des œuvres de l'Arioste. Il présente au revers une partie d'une longue inscription ainsi que la date de 1535 et les noms : *Druta el frata, Pensitt.*

43 — Fabrique de Faënza. — Tableau carré représentant l'Annonciation.

Ce sujet est traité dans le style des maîtres italiens du xve siècle.

44 — Même fabrique. — Plaque carrée représentant un saint personnage en prière.

45 — Même fabrique. — Autre plaque représentant un personnage agenouillé devant la figure d'un saint debout.

46 — Fabrique de Caffagiolo. — Vase de forme ovoïde, à deux anses, présentant sur une de ses faces un buste d'homme en costume du xve siècle, dans un encadrement ovale, et de l'autre un écusson armorié.

47 — Même fabrique. — Deux cornets décorés de figures et d'animaux en camaïeu bleu et de rinceaux en couleurs.

48 — Fabrique de Pesaro. — Plat rond présentant à son centre les armes du pape Pie II, comme cardinal Piccolomini; ses bords sont décorés d'ornements en couleurs.

49 — Fabrique de La Frata. — Plat rond décoré d'ornements gravés sur angobe et émaillés blanc sur fond jaune.

50 — Fabrique de Savone. — Plat rond décoré en camaïeu bleu et offrant à son centre le sujet de Pyrame et Thisbé.

51 — Même fabrique. — Grand plat rond décoré de feuillages en camaïeu bleu et offrant à son centre une armoirie en couleurs.

52 — Fabrique italienne. — Plat rond et creux décoré en camaïeu bleu. Il offre à son centre deux figures debout en costumes très-curieux, et son bord présente une frise d'animaux.

53 — Même fabrique. — Plaque ronde à rayons saillants émaillés jaune et présentant à son centre une figure d'ange agenouillé, avec inscription.

54 — Fabrique italienne. — Coupe ronde décorée en couleurs et représentant Hercule, jeune, étouffant les serpents.

55 — Fabrique italienne. — Deux pièces : Plaque de forme carré-long, offrant une scène de mariage avec inscription et date de 1555, et carreau à décor à reflets métalliques offrant un écusson d'armoirie à son centre et des fleurons à chacun de ses angles.

56 — Fabrique italienne. — Ecritoire formée par quatre chevaux blancs au galop supportant un vase et reposant sur un socle à tiroir, à décor à reflets métalliques.

57 — Fabrique italienne. — Statuette de saint Christophe debout portant l'Enfant Jésus.

58 — Fabrique de Montelupo. — Gourde à arabesques et écusson en relief; couverte brune.

59 — Fabrique d'Urbino. – Groupe : Jeune fille agenouillée près d'un saint évêque assis.

60 — Même fabrique. — Salière de forme ovale allongée, décorée de têtes de lion, de mascarons et de guirlandes de fruits en relief.

61 — Fabrique de Gubbio. — Petit broc décoré d'arabesques et d'une armoirie à reflets métalliques et portant la date de 1605.

62—63 — Deux petits plats, forme dite Cuppa Amatoria, décorés à l'imitation des faïences de Gubbio, à reflets métalliques rouge-rubis et mordorés.

Ils seront vendus séparément.

Verrerie.

64 — Petit vase en verre de Venise en forme de bouteille à côtes filigranées d'émail blanc et bosses saillantes.

65 — Deux verres à coupes évasées et pieds élevés en verre de Venise filigrané d'émail blanc.

66 — Gourde aplatie et à goulot évasé en verre de Venise filigrané d'émail blanc. Elle est garnie de quatre anses au pourtour.

67 — Gourde double en verre filigrané d'émail blanc et bleu.

68 — Deux petits verres de Venise filigranés d'émail blanc.

69 — Deux petits vases en verre incolore à chevrons d'émail blanc et à deux anses rehaussées d'émail bleu travaillé à la pince.

70 — Verre de Venise à coupe élevée et large; son piédouche, formé d'un vase à mascarons en relief, a conservé des traces de dorure.

71 — Beau vase à panse ovoïde et ouverture large, en verre craquelé de Venise.

72 — Aiguière de forme très-élégante à panse ovoïde, à côtes saillantes et gorge à trèfle. Son anse se termine à sa partie inférieure par un mufle de lion en relief.

Cette pièce est accompagnée d'un plateau rond en verre incolore.

73 — Petite coupe ronde à lobes, sur pied à balustre cannelé en verre de Venise incolore.

74 — Petit vase de forme ovoïde à couvercle, en verre de Venise incolore rehaussé de bandes saillantes émaillées de points rouges et verts.

75 — Deux petits vases de forme cylindrique en verre de Venise incolore à ornements rapportés et à couvercle surmonté d'une croix travaillée à la pince.

76 — Deux petits vases forme balustre, à deux anses, en verre opalin de Venise, marbré d'émail bleu.

77 — Vase en verre de Venise incolore, à panse sphérique à côtes et goulot surélevé et courbe composé de trois tubes tors. Sa panse est garnie de deux petites anses en émail bleu.

78 — Deux pièces : coupe à deux anses et burette en verre de Venise incolore enrichies de filets d'émail bleu et de mufles de lion en relief.

79 — Coupe sur pied à balustre en verre opalin de Venise.

80 — Coupe ronde peu profonde en verre de Venise incolore, décorée d'imbrications d'or et de points d'émail et présentant à son centre un pélican émaillé.

81 — Verre opalin de Venise à coupe évasée, à côtes saillantes et pied à balustre.

82 — Deux petites burettes en verre opalin de Venise; leurs anses sont travaillées à la pince.

83 — Jolie burette en verre de Venise à couvercle et à fleurs saillantes en émaux de couleurs.

84 — Deux pièces en verre incolore de Venise : vase à panse sphérique et verre sur pied élevé et à deux anses travaillées à la pince.

85 — Vase de forme surbaissée et à long goulot en verre incolore de Venise, à filets saillants en émail blanc, et rosaces en relief.

86 — Petit verre et deux petites coupes en verre agate aventuriné de Venise.

87 — Deux tasses trembleuses et leurs soucoupes en verre agate aventuriné de Venise.

88 — Petit hanap à une anse en verre agate de Venise.

89 — Deux vases de forme ovoïde en verre bleu de Venise, montés à anses et garnis d'ornements en bronze doré.

90 — Deux vases analogues à ceux qui précèdent, un peu plus grands.

91 — Joli petit flacon de forme carrée, en verre de Venise bleu jaspé de blanc et de rouge. Travail dit *à mille fleurs.* Belle qualité.

92 — Petit tonnelet en verre bleu de Venise à côtes en spirales, chevronné d'émail blanc et rouge, et enrichi de rosaces en relief.

93 — Petit flambeau en verre de Venise violet et citron en verre craquelé.

94 — Deux pièces en verre de Venise : vase à goulot à trèfle, et petit vase en verre opalin.

95 — Verre à couvercle et plateau gravé à feuillages et oiseaux. Travail allemand.

96 — Gobelet gravé à figures et fleurs, et portant une inscription allemande, et flacon en verre vert.

97 — Trois pièces en verre modelé : Tambour battant la caisse et deux lions debout.

98 — Trois pièces en verre de Venise : flacon en forme de coquille, très-petit Vase et fruit à branche émaillée.

99 — Trois flacons en verre de Venise : l'un d'eux de forme aplatie et les autres à enroulements.

100 — Vase en verre bleu à gorge trilobée, monture à deux anses en cuivre doré.

101 — Plateau de forme octogone allongée en verre, décoré de peintures en or et argent se détachant sur fond noir. Travail vénitien.

Sculptures en ivoire.

102 — Triptyque en ivoire sculpté en bas-relief ; le tableau central offre le Christ en croix entouré de saints personnages. Les volets présentent des figures de saints debout et agenouillés. xve siècle.

103 — Plaque d'ivoire sculpté en bas-relief représentant le Christ en croix entouré des saintes femmes et de cavaliers; dans le haut se trouve un groupe d'anges voltigeant. École des Pisans.

104 — Beau diptyque en ivoire sculpté en haut-relief, représentant huit scènes tirées de la vie du Christ, placées sous des arceaux de style ogival. XVe siècle.

105 — Haut-relief sans fond. La Vierge assise tient son divin fils debout sur ses genoux. Travail du XIVe siècle.

106 — Etui en forme de livre en ivoire garni en argent; il renferme deux bustes en cire dont l'un offre le portrait de Béatrice d'Este, et deux peintures sur cristal de roche représentant l'Agneau pascal et l'Annonciation. XVIe siècle.

107 — Deux volets de diptyque en ivoire; l'un d'eux est sculpté sur ses deux faces.

108 — Deux pièces : bas-relief de forme cintrée et valve de miroir à sujet tiré du roman de la Rose.

109 — Bas-relief représentant l'Adoration des Rois Mages. Travail de la fin du XVIe siècle.

110 — Petit buste de Henri IV; travail très fin, sur pied à balustre en cuivre gravé et doré.

111 — Figurine en ivoire sculpté représentant la Vierge debout.

112 — Deux pièces en ivoire : Enfant assis sur un lion, et l'Enfant Jésus debout.

113 — Deux manches de couteaux formés de figurines nues et debout, et figurine de femme indienne assise.

114 — Trois pièces en ivoire dont une plaque offrant la figure de Dieu le Père bénissant et présentant aux anges les attributs des quatre évangélistes.

115 — Cinq plaques en os sculpté du XIVe siècle ; l'une d'elles représente un sujet profane : l'Adoration de l'Amour.

116 — Quatre pièces en ivoire : deux têtes de chevaux, sculptées en bas-relief; portrait de *Jean Auvellier;* drageoir orné d'une miniature et bas-relief représentant Vénus, un satyre et des Amours.

Sculptures diverses.

117 — Marbre blanc. — Très-jolie sculpture en haut-relief représentant la Vierge, vue à mi-corps, en adoration devant son divin fils, près de ce dernier, saint Jean enfant. Le cul-de-lampe offre une tête de chérubin, sculptée en bas-relief.

Cette sculpture dont l'original existe au musée de Florence, a obtenu, en 1861, la première médaille à l'exposition italienne.

118 — Terre cuite. — Bas-relief représentant la Fuite en Égypte. Ouvrage de la dernière moitié du XVIe siècle.

119 — Haut-relief en plâtre peint et doré ; il représente la mort de la Vierge. Ouvrage attribué à Ghiberti, dans sa première manière.

120 — Bois. — Petit Triptyque offrant diverses scènes de la vie du Christ, finement sculptées en haut-relief. Monture en argent. XVIe siècle.

121 — Coco sculpté à figures et ornements, et monté sur piédouche de même matière.

122 — Soufre. — Très-belle épreuve sur soufre, d'un nielle portant le monogramme de Marc-Antoine représentant la Vierge et l'Enfant Jésus sous un monument à plein cintre.

Étui en forme de triptyque en bronze.

123 — Cire. — Quatre petits bustes d'empereurs romains, avec chlamydes rehaussées d'or.

124 — Cire. — Joli médaillon représentant un buste de femme très-finement modelé en cire peinte, et dont le costume est rehaussé de pierreries. Travail du XVIe siècle.

125 — Cire. — Trois pièces : buste de Gustave Adolphe; Agneau Pascal et sujet peint au revers; et sujet tiré de la Vie du Christ, avec cadre en bois sculpté et doré.

126 — Cire. — Trois bustes en bas-relief, dont l'un présente au revers le lion de Venise et porte le nom : *Jacob Nigrobonius Brixianus*. Les deux autres offrent les portraits de Masaccia et de Michel-Ange.

127 — Cire. — Joli bas-relief du temps de Louis XVI, offrant une figure de Jeune Fille et un Vieillard. Cadre en bois sculpté.

127 bis — Plâtre. — Buste en bas-relief en plâtre peint, de Jérôme Savonarola. Travail de l'époque.

Bijoux.

128 — Bague antique en or, enrichie d'un travail de grenetis. Travail étrusque.

129 — Bague antique en or; son chaton est orné d'un grenat cabochon.

130-132 — Six bagues antiques en or; le chaton de l'une d'elles, offre une figure d'Adolescent, gravée en intaille.

133 — Forte bague antique en or, enrichie d'un Nicolo.

134 — Bague en or formée d'enroulements et de perles en relief; son chaton est orné d'une intaille sur agate mousseuse, représentant une Femme assise, tenant une figurine d'Amour.

135 — Deux bagues en or massif; le plat de l'une porte le chiffre du Christ, gravé en creux, et l'autre, un chiffre gothique.

136 — Deux bagues en bronze, dont l'une ornée de grenats cabochons.

137 — Trois autres bagues en bronze, portant des écussons armoriés et des inscriptions du XVe siècle.

138 — Trois autres bagues en bronze, dont une émaillée en couleurs. Même époque.

139 — Deux bagues à larges chatons, portant une fleur de lys, et des inscriptions gravées en creux.

140 — Deux bagues en argent; l'une porte l'écusson de France brochant sur les clefs de saint Pierre.

141 — Deux bagues, l'une, en or, portant une inscription gravée en creux et ornée d'un Nicolo; l'autre, en argent, portant un écusson armorié avec devise.

142 — Deux bagues en or, formées de deux mains, modèle dit : *Bonne Foi.*

143 — Bague en or, formée de quatre cariatides et ornée de quatre chatons.

144 — Jolie bague en or émaillé du XVIe siècle, composée d'enroulements et avec chaton orné d'une rubasse cabochon.

145-148 — Huit bagues en or émaillé du XVIe siècle et ornées de pierres diverses, analogues à celle qui précède. Elles seront vendues par deux ou séparément.

149-150 — Quatre bagues analogues à celles qui précèdent, mais non émaillées.

151 — Deux bagues en or enrichies de pierres diverses formant un bouquet de fleurs et un écusson couronné.

152 — Diverses bagues en or, ornées de rubis et de diamants.

153 — Deux bagues en or, formées de rosaces en rubis.

154 — Deux bagues en or, dont une émaillée noir et blanc et enrichies toutes deux de perles fines.

155 — Deux bagues ornées de miniatures sur vélin, entourées de rubis et de grenats.

156-159 — Neuf bagues diverses en or et pierreries.

Ce lot sera divisé.

160 — Deux bagues en argent, l'une ornée d'une tête de Chérubin, l'autre d'un chien couché.

161 — Cinq bagues diverses, l'une en argent avec miniature, une autre en fer et trois en cuivre.

162 — Camée sur calcédoine blanche. Buste de Cléopâtre, travail du XVIe siècle.

Cette pierre est montée en bague.

163 — Agate à deux couches. Camée du XVIe siècle, représentant la Résurrection, monté en bague.

164 — Calcédoine à deux couches. Camée représentant une tête d'homme, monté en or avec entourage de diamants.

165 — Sardoine montée sur bague d'or. — Intaille. — Guerrier nu et debout. Travail du XVIe siècle.

166 — Bague antique en or, ornée d'une intaille sur agate, à deux couches.

167 — Nicolo. — Victoire ailée. — Bague en or.

168 — Cornaline. — Intaille. — Buste d'homme. — Monture en or.

169 — Agate à deux couches. — Camée du XVIe siècle. — Silène et Bacchante dans un char traîné par deux centaures. Monté en broche en or.

170 — Agate à deux couches. — Camée du XVIe siècle, représentant l'Adoration des Rois Mages. Il est monté en épingle d'or.

171 — Grenat. — Camée du XVIe siècle, représentant la Crèche. — Monture en or formant broche.

172 — Agate à plusieurs couches. — Camée du XVIe siècle. — Buste de femme en costume de l'époque. Monture en or.

173 — Deux camées montés en bagues.

174 — Deux camées du XVIe siècle, montés en épingles en or; l'un d'eux représente le Baptême de saint Jean.

175-176 — Quatre camées en agate à deux couches, représentant des bustes d'empereurs romains et de philosophes grecs. Ils sont montés en épingles d'or.

177-178 — Trois camées représentant les bustes d'Apollon, de Psyché et de Bacchus, montés en médaillons en or.

179 — Camée en agate à deux couches, représentant un mascaron et monté en broche en or.

180 — Camée en jade vert, représentant une Tête fantastique. Monture en bague d'or.

181 — Deux bagues; l'une en bronze, ornée d'un camée antique; l'autre en or émaillé noir, ornée d'une tête sur calcédoine blanche.

182 — Deux nicolos, l'un monté en cachet tournant en or, l'autre monté en médaillon avec des roses.

183 — Médaillon en or émaillé, du temps de Louis XIII, enrichi d'une tête de femme gravée sur agate à deux couches.

184 — Intaille sur pâte de verre, représentant une Offrande à Priape et montée en médaillon en argent doré, enrichi de pendentifs en perles fines.

185 — Medaillon rond, émaillé sur ses deux faces; il représente d'un côté l'Annonciation et de l'autre l'Adoration des Rois Mages, avec une inscription latine. Peinture en émaux de couleurs, dans la manière des maîtres de Limoges, mais de travail italien du XVIe siècle. Monture en argent doré.

186 — Tête d'homme coiffé à l'orientale, en agate à plusieurs couches. Chlamyde et piédouche en argent doré.

187 — Médaillon en cristal de roche monté en or émaillé, avec chaînes de suspension et orné d'une miniature représentant l'Agneau pascal.

188 — Médaillon ovale formant reliquaire, en argent gravé et doré, enrichi de deux peintures sur cristal de roche. XVIe siècle

189 — Plaque en argent repoussé avec applique dorée et émaillée, représentant un buste d'ange.

190 — Collier composé de chatons en or appliqués sur velours et enrichi d'un médaillon avec figures en émail.

191-196 — Six paires pendants d'oreilles en vermeil, enrichis de grenats et pendeloques en perles fines.

Ce lot sera divisé.

197-198 — Deux paires pendants d'oreilles analogues à ceux qui précèdent, mais avec grappes de vignes éxécutées en perles fines.

199 — Paire de pendants d'oreilles en or émaillé et perles fines.

200 — Deux paires boucles d'oreilles en or, émail et perles fines.

201 — Bijou pendentif en or émaillé noir et blanc, enrichi de cailloux du Rhin taillés en tables. Epoque Louis XIII.

202 — Bijou pendentif en trois parties, de travail analogue à celui qui précède.

203-204 — Deux autres bijoux pendentifs de même travail.

205 — Petite croix en or émaillé et saphirs. Epoque Louis XIII.

206 — Deux médaillons ovales composés d'ornements en argent enrichis de pierres diverses et de perles; l'un d'eux renferme un portrait d'homme à l'huile, sur cuivre, et l'autre un portrait de femme sur ivoire.

207 — Saint-Esprit et papillon en or émaillé et pierreries. Epoque Louis XIII.

208-211 — Quatre paires boucles d'oreilles avec pendentifs en argent, ornées de pierreries.

Elles seront vendues par paire.

212 — Pendentif et croix de travail analogue.

213 — Médaillon de même travail, avec crucifix d'argent appliqué sur fond d'émail.

214 — Bijou pendentif et croix en argent et pierreries.

215 — Broche et pendants d'oreilles en argent doré et pierres fines.

216 — Cinq pièces diverses en argent et pierres fausses.

217 — Cinq autres pièces en argent émaillé et cailloux du Rhin

218 — Bracelet en argent doré, émaillé et enrichi de grenats et de turquoises.

219 — Grande broche avec pendentifs de même travail.

220 — Deux épingles de coiffure en argent émaillé et pierreries.

221 — Trois rosaces, de même travail, provenant d'épingles de coiffures.

222 — Épingle formée d'un petit buste en argent, enrichi de roses, et p tit cachet formé d'un chien en émail.

223 — Deux pièces : applique en argent découpé à jour, et médaillon niellé à double face.

224 — Deux pièces : flacon en verre garni d'ornements en argent repoussé, doré et découpé à jour, et coquille formée d'une perle baroque montée en vermeil.

225 — Lorgnette pliante en or et nacre de perle, enrichie de turquoises et de perles fines.

226 — Cachet formé d'un petit cheval au galop monté sur quatre consoles ; le tout en vermeil, enrichi de pierreries.

227 — Baiser de paix en forme de petit monument de la Renaissance en cuivre ciselé et doré, enrichi de plaques niellées sur argent. Le tableau central offre le sujet de

la Mise au tombeau, et dans la partie cintrée se trouve la figure du Père Eternel. Les pilastres et les frises sont exécutés en argent ciselé en relief à candélabres, mascarons et rinceaux. Ouvrage italien du XVIe siècle.

228 — Petit vase de forme ovoïde en verre, monté à anses et gorge en vermeil. Son couvercle est surmonté d'un cheval marin en cuivre doré.

229 — Deux petites burettes en verre de Venise incolore garnies en filigrane d'argent de Gênes.

230 — Deux autres burettes en verre incolore garnies et accompagnées d'un plateau en argent repoussé. Époque Louis XIII.

231 — Coupe ovale en cornaline, garnie de deux anses en argent.

232 — Petite coupe ovale, sur piédouche en jaspe vert, garnie de deux petites anses en argent.

233 — Deux médaillons; l'un d'eux orné d'une peinture sur cristal de roche montée en argent; l'autre avec peinture sur émail et cadre en filigrane d'argent.

234 — Deux peintures sur émail avec cadres en filigrane d'argent; l'une des peintures offre le portrait de Marie Antoinette.

235 — Petite colonne torse en verre bleu de Venise avec base et chapiteau en bronze doré. Elle supporte une boule en cristal de roche surmontée de la figure de la Vierge en argent.

236 — Deux plaques en argent repoussé à figures et ornements, et très-petite coupe agate montée en argent doré.

237 — Trois pièces. Médaillon rond doré, représentant une scène de mariage, avec monture en argent ; cachet en argent avec écusson niellé et attache en forme de losange en argent ciselé à jour et pierres diverses.

238 — Trois pièces. Deux flacons en argent repoussé, et petit flambeau en filigrane d'argent.

239 — Cinq pièces en argent. Christ en croix, deux petites figurines de saints personnages, un Amour sur colonne formant cachet et figurine de colporteur.

240 — Deux grandes boucles d'oreilles mauresques avec pendentifs en argent doré.

241 — Parure composée de deux pendants d'oreilles, une broche et un collier en argent doré, émaillé, et enrichie de pierreries.

242 — Deux paires boucles d'oreilles et deux croix en argent et pierres diverses.

243 — Deux pendants d'oreilles et pendentifs avec croix de même travail.

244 — Petite croix en cristal de roche montée en filigrane d'argent doré.

245 — Bracelet en filigrane d'argent doré. Travail mauresque.

246 — Deux médaillons en argent ornés de peintures sur verre.

247—249 — Quatre boules, un médaillon à fleurons découpés, une cuvette de boîte et une plaquette en cristal de roche.

Ce lot sera divisé.

250 — Trois boîtes de montre du XVIᵉ siècle en cuivre gravé et doré. L'une en forme de coquille à double valve, et une autre avec frise, représentant un sujet de chasse finement découpé à jour.

Ce lot sera divisé.

251 — Reliquaire en forme de médaillon en cuivre doré, avec miniature et christ à l'intérieur, et boucle gothique en argent doré, avec chatons très-saillants.

252 — Trois petites cassolettes en forme de fruits en agate, montées en argent doré.

253 — Deux pièces. Petite tortue montée en argent, et étui formant lorgnette, en peau de chagrin, garni de ses ustensiles et monté en argent.

254 — Deux pièces en écaille piquée et posée d'or. Boîte de forme ronde et étui à aiguilles.

255 — Plateau en cuivre repoussé et argenté, et figurine de guerrier en cuivre argenté.

256 — Châtelaine garnie de deux cachets et d'un médaillon, et deux petits reliquaires ovales en argent.

257 — Trois pièces. Cadre à quatre places en filigrane d'argent doré ; miniature sur ivoire avec cadre en argent, et Sainte-Madeleine peinte à l'huile sur cuivre, avec cadre en cuivre doré.

258 — Quatre pièces en argent. Épingle de coiffure en filigrane, boîte de forme contournée, pomme de canne et cachet orné d'une pâte de verre.

259 — Trois coquilles gravées, montées en vermeil; l'une en épingle, les deux autres en bouton.

260—261 — Dix peintures sur émail représentant des portraits divers d'hommes et de femmes et des paysages.

Ce lot sera divisé.

262 — Plaque en cristal de roche de forme cintrée par le haut et gravée en intaille, représentant la Vierge debout sur des nuages.

263 — Collier en verre de Venise composé d'un grand nombre de boules dorées.

264 — Mosaïque de Florence représentant les armoiries de Guiciardini et Macchiavelli, célèbres historiens italiens du XVIe siècle. Cette mosaïque est exécutée en jaspes de diverses nuances et lapis lazuli.

265 — Coupe de forme ovale à huit lobes en écaille. Son piédouche est garni en argent.

266 — Deux pièces. Plaque ronde en émail présentant un large écusson armorié surmonté d'un chapeau de cardinal, et plaque en jaspe vert présentant la figure de saint Michel vu à mi-corps.

Travail très-curieux.

267 — Joli étui en forme d'enfant emmaillotté, en ancienne porcelaine de Capo di Monte. Il est garni d'ustensiles en cuivre doré.

268 — Deux pièces en émail de Saxe, étui et couvercle de boîte et peinture sur émail représentant la Vierge et l'Enfant Jésus.

269 — Deux manches et une applique en cuivre émaillé rouge, blanc et bleu.

Émaux.

270 — Belle plaque trilobée en cuivre champlevé et émaillé, offrant la figure de la Vierge.

Ouvrage italien très-curieux du XIVe siècle.

271 — Deux plaques à quatre lobes en argent gravé, et décorées en émaux translucides. Elles représentent une figure de saint personnage et un des attributs des évangélistes.

Ouvrage italien du XIVe siècle.

272 — Plaque de forme cintrée par le haut, en cuivre doré. champlevé et émaillé en couleurs. Elle offre la figure de Jésus Christ debout, dont elle porte les initiales Ouvrage des bords du Rhin au XIIIe siècle.

273 — Plaque quadrilobée présentant à son centre une figure d'ange réservée en or sur fond d'émail bleu clair. Ouvrage de Limoges au XIVe siècle.

274 — Encensoir en cuivre champlevé et émaillé, enrichi d'une belle frise composée de rinceaux ciselés et découpés à jour. Ouvrage du XIIIe siècle.

275 — Croix en cuivre gravé et doré, portant la figure du Christ en bronze et enrichie à ses extrémités de quatre plaques en cuivre champlevé et émaillé en couleurs, représentant les bustes des évangélistes. XIVe siècle.

276-278 — Dix plaques de diverses formes en cuivre émaillé; la plupart présentent des armoiries.

Ce lot sera divisé.

279 — Deux plaques en émail de Limoges; l'une, de forme carré-long, offre une figure de sainte femme debout; l'autre, émaillée sur ses deux faces, offre un buste de femme et un blason. Époque Louis XIII.

280 — Coffret carré en émail de Venise, décoré d'ornements d'or sur fonds bleu, vert et blanc. XVIe siècle.

Porcelaines.

281 — Joli groupe en ancienne porcelaine blanche de Venise; figure de femme assise représentant la ville de Venise; près d'elle un lion couché et une figure d'enfant.

282 — Deux pièces en ancienne porcelaine blanche, de la fabrique de Ginori; figure de femme accroupie et groupe connu sous le nom du *Cuvier*.

283 — Quatre petites pièces en ancienne porcelaine de Capo di Monte : deux sphinx à corps de femmes et deux figurines d'enfants.

284 — Trois petites figurines en ancienne porcelaine de Ginori.

285 — Plaque en ancienne porcelaine italienne représentant un sujet champêtre.

286 — Quatre très-petits bustes en ancienne porcelaine de Ginori.

287 — Quatre petits vases en ancienne porcelaine de Ginori.

288 — Cinq pièces diverses en porcelaine; figurine d'Amour, en vieux saxe; tasse décorée d'applications en or; œuf décoré de figures et d'ornements, etc.

289 — Deux pièces : aiguière en porcelaine italienne décorée de fleurs et sucrier à saupoudrer, en faïence de de Moustier, à décor en camaïeu bleu, dans le style de Berain.

290 — Fontaine en ancienne porcelaine du Japon, décorée de fleurs en bleu, rouge et or et tête grimaçante, en relief.

291 — Deux petites bouteilles de même porcelaine décorées en camaïeu bleu à fleurs et ornements.

292 — Vase forme bouteille, à goulot à bourelet, en ancienne porcelaine persane décorée d'arbustes et d'animaux en camaïeu bleu, à l'imitation des porcelaines du Japon.

293 — Bol en ancienne porcelaine de Chine, décoré de figures sur fond rouge.

294 — Deux bols, l'un de forme carrée, l'autre de forme ronde très finement décorés de sujets de personnages, et portant un grand nombre d'inscriptions, ainsi qu'une marque à six caractères.

295 — Jolie théière en ancienne porcelaine de Chine décorée en émaux de la famille verte et montée en cuivre doré.

296 — Deux tasses hautes sans anses, avec soucoupes en ancienne porcelaine de Chine, décorées en émaux de la famille verte.

297 — Deux autres tasses de forme ronde à pans décorés de vases de fleurs et d'entre deux à fleurs sur fond noir.

298 — Quatre plats et compotiers variés de décors.

299 — Théière, plateau, quatre tasses et cinq soucoupes en ancienne porcelaine de Chine, décorés de figures finement émaillées en couleurs.

300 — Salière en porcelaine italienne, soucoupe émail de Chine et six boutons d'attache en corne, à figures chinoises en relief.

Bronzes et Cuivres repoussés.

301 — Piédestal en bronze. — Modèle du socle de la statue de Persée de Benvenuto à Florence. Dans une des niches se trouve une figurine de Jupiter debout.

302 — Aiguière en cuivre repoussé et argenté, accompagnée de son plat de même travail et enrichi d'une frise à arabesques et oiseaux découpés à jour.

303 — Deux pièces en bronze : Paysan assis et Aigle sur socle en marbre.

304 — Deux petits bustes d'empereurs romains en bronze. Travail italien du XVIe siècle.

305 — Plaque carrée en bronze offrant, en haut-relief, Curtius à cheval se précipitant dans le gouffre.

306 — Deux statuettes et deux appliques en cuivre repoussé et doré. XVe siècle.

307 — Huit poignées en bronze doré, à mascarons, portant les armes de la famille des Strozzi.

308 — Deux autres poignées en bronze doré à ornements rocaille.

309 — Figure équestre en cuivre d'un des Farnèse; pièce d'applique et baiser de paix en bronze, représentant l'Adoration de la Vierge.

310 — Deux pièces : croix de procession en cuivre gravé du XVIIIe siècle, et aiguière en cuivre repoussé et argenté.

311 — Deux petites statuettes en bronze doré.

312 — Trois pièces en bronze : statuette de chasseur, petit buste et lion héraldique

313 — Petit modèle de canon en bronze et étui en cuivre doré, à ornements découpés à jour.

314 — Deux pièces : coupe persane en cuivre gravé et socle en bois noir garni de plaques de cuivre doré, avec mascarons en relief

315 — Trois pièces : encensoir en cuivre repoussé, custode en cuivre doré, et le Christ en croix et les saintes femmes en bronze.

316 — Lot de huit pièces diverses en bronze: mascarons, anses, etc.

317 — Lot de dix pièces diverses en bronze : anses, goulots, etc.

Objets variés.

318 — Miniature sur vélin par Giovani Bilivert (1576-1644), artiste florentin. Elle représente Clorinde sauvant Olinde et Sofronine du bûcher. Sujet tiré de la Jérusalem délivrée. Cadre en bois sculpté et doré.

319 — Trois miniatures; l'une d'elles est montée dans un cadre en bois sculpté et doré.

320 — Trois autres miniatures dont deux à l'huile, et la troisième avec cadre en bronze doré.

321 — Quatre feuilles vélin représentant sur chacune de leurs faces une miniature en couleurs.

Ces feuilles proviennent d'un manuscrit du XIVe siècle.

322 — Deux courges formant amorçoirs : l'une est gravée à bustes et ornements, l'autre est décorée en couleurs.

323 — Deux médaillons ronds en étain à sujets en relief; l'un d'eux représente le Parnasse.

324 — Deux médaillons ronds en bois sculpté, offrant les bustes de l'empereur Charles-Quint et de l'impératrice Isabelle.

325 — Quatre pièces, dont deux en cuir gaufré à bustes en relief, un médaillon en verre et un couvercle à armoiries et figures en pâte en relief.

326 — Petit reliquaire en corne enrichi de quantité de petites miniatures sur vélin et d'un médaillon en bronze.

327 — Quatre pièces diverses en corne, en jayet, etc.

328 — Quatre couvertures de livres en maroquin rouge à ornements dor s au fer, et renfermant des diplômes avec miniatures.

329 — Petit meuble à deux portes, garni en maroquin rouge à ornements dorés et contenant un miroir.

330 — Cassette de voyage en maroquin rouge à ornements dorés et garni d'écoinçons et fermoir en cuivre découpé à jour.

331 — Coffret à couvercle bombé en maroquin rouge, à ornements dorés et enrichi de rosaces et poignées en bronze.

332 — Petit cabinet en bois d'ébène enrichi d'incrustations d'ivoire.

333 — Coffret à couvercle bombé en bois d'ébène incrusté de filets d'ivoire.

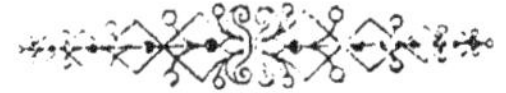

DÉSIGNATION

DES

MÉDAILLES

ITALIE

(PAPES)

1. **Anaclet Ier**. Buste à g. ANACLETVS. I. PONT. M. ℞. Le Saint-Suaire. 4 c.

2. **Pie II**. ENEAS PIUS SENESENSIS PAPA SECUNDUS. Buste à dr. ℞. DE SANGUINE NATOS ALES UT HEC COR. DISPARVIT. Pélican. 5 c.

3. **Paul II**. PAULUS II VENETUS PONT. MAX. Buste à g. ℞. HANC ARCEM CONDIDIT ANNO CHRISTI M.CCCC.LXV. Écusson et tiare. 5 c.

4. — PAULO VENETO PAPE ITALICE PACIS FUNDATORI. Buste à dr. ℞. Ecusson. Ovale. Long. 4 c.

5. — PAULUS. II. VENETUS PONT. MAX. Buste à dr. ℞. PABULUM SALUTIS. Saint Pierre, saint Paul, troupeau de moutons. 4 c.

6. — PAULUS SECUNDUS PONT. MAX. Buste à dr. ℞. HILARITAS PUBLICA. La Joie debout. 3 c.

7. — PETRUS BARBUS VENETUS CARDINALIS S. MARIE. Buste à g. ℞. HAS ÆDES CONDIDIT ANNO CHRISTI. M.CCCC.LV. Écusson. 3 c. 1/2.

8 — PAULO VENETO PAPA II. ITALICE PACIS FUNDATORI ROMA. Buste à dr., sans revers, ovale, long. 4 c.

9 — Consistoire sous Paul II. SACRUM PUBLICUM APOSTOLICUM, etc. L'Assemblée du consistoire. ℞. JUSTUS ES DOMINE ET RECTUM, etc. Le Christ assis au milieu des saints. 8 c.

10. **Sixte IV.** SIXTUS P.P. IIII URBIS RENOVATOR. Buste à dr. ℞. CONCORD. ET AMATOR PACIS PONT. MAX. P P.P. La Concorde et la Paix debout se donnant la main; à l'exergue, ECCLESIA. 7 c.

11. — SIXTUS IIII PONT. MAX. SACRI CULT. Buste à g. ℞. PARCERE SUBJECTIS ET DEBELLARE SUPERBOS. Génie nu, debout; en bas, combat sur mer et captifs turcs enchaînés; à l'exergue, CONSTANTIA, et dans le champ, MCCCCLXXXI SIXTE POTES. 6 c.

12. — SIXTUS IIII. PONT. MAX. URB. REST. Buste à dr. ℞. JULIUS CARD. NEPOS IN OSTIO TIBURINO. Citadelle. 4 c.

13. — SIXTUS IIII PONT. MAX. SACRI CULTOR. Buste à g. ℞. CURA RERUM PUBLICARUM. Un pont sur le Tibre. 4 c.

14. **Innocent VIII.** INNOCENTII JANUENSIIS VIII PONT MAX. Buste à dr. ℞. JUSTITIA PAX. COPIA. La Justice, la Paix et l'Abondance debout. 6 c.

15. **Alexandre VI.** ALEXANDER VI PONT. MAX. JUST. PACIS. Q. CULTOR. Buste à dr. ℞. FOSSAE AC PROPUGNACULIS MUN. ARCEM IN MOLE DIVI HADR. INSTAUR. Citadelle. 6 c.

16. — ALEXANDER VI PONT MAX. Buste à g. ℞. CORONAT. Couronnement du pape sous un dais et nombreux personnages. (Médaille de Caradosso.) 5 c.

17. — Même médaille.

18. **Pie III.** PIUS III PONT. MAX. Buste à dr. ℞. Écusson. 5 c.

19. **Jules II.** IUL. II. P. M. BONONIA A TYRANNO LIBERAT. Buste à dr. ℞. VIRTUS AUGUSTÆ. Le Pape bénissant. 3 c.

20. JULIUS SECUNDUS LIGUR. Buste à dr. ℞. CONTRA TEMPLUM, etc. Combat. 3 c.

21. — JULII II ARCIS FUNDAT. Buste à g. ℞. CIVITA VECCHIA. Vue de la citadelle. 3 c.

22. — JULII II ARCIS FUNDAT. Buste à dr. ℞. Vue de la citadelle, devant deux forgerons. 3 c.

23. **Léon X.** LEO X P. MAX. Buste à g. ℞. GLORIA ET HONORES CORONASTI, etc. Armes. 8 c.

24. — LEO X PONT. MAX. Buste à dr. ℞, Rome assise sur des boucliers; dessous, la Louve et le Tibre; dans le champ, S. C. 4 c.

25. — LEO X. PONT. MAX. Buste à dr. ℞. C. P. Rome Nicéphore assise. Exergue : ROMA. 3 c.

26. **Adrien VI.** ADRIANUS VI. PONT. MAXIM. Buste à g. ℞. SPIRITUS SAPIENTIÆ ROMA. Tiare, clefs en sautoir et livres. 4 c.

27. **Jules III.** JULIUS III PONT. MAX. Buste à dr. ℞. HILARITAS PONTIFICIA. Femme debout tenant une palme. 3 c.

28. **Clément VII.** CLEMENS VII PONTIF. MAX. Buste à dr. ℞. POST MULTA PLURIMA RESTANT. Le Christ appuyé contre une colonne; à ses pieds, les verges et la couronne d'épines. 5 c. 1/2.

29. — CLEMENS VII PONT. MAX. AN XI. M. D. XXXIIII. Buste à dr. ℞. UT BIBAT POPULUS. Moïse devant les Hébreux, frappant sur un rocher. Argent. 4 c.

30. — CLEMENS VII. PONT. MAX. AN XI MDXXXIIII. Buste à g. ℞. CLAUDUNTUR BELLI PORTAE. Femme demi-nue debout, tenant une corne d'abondance; sa main gauche porte une torche allumée sur des armes; devant elle, un monument au pied duquel est un captif enchaîné (par Benvenuto Cellini). Argent. Diam. 4 c.

31. — CLEMENS VII PONT. MAX. Buste à dr. ℞. EGO SUM JOSEPH FRATER VESTER. Joseph se faisant reconnaître à ses frères. 4 c.

32. **Paul III.** PAULUS III FARNESIUS PONT. OPT. MAX. Écusson surmonté de la tiare et des clefs de saint Pierre. ℟. Longue légende en onze lignes : MEMORIAE AETERNAE PAULI III, et finissant par AN. JUBIL. M. C. L. XXV. 7 c. 1/2.

33. — PAULUS III PONT. MAX. Buste à dr. ℟. DOMUS MEA DO. OR. Jésus-Christ chassant les marchands du Temple. Argent. 3 c.

34. — PAULUS III PONT OPT. MAX. AN. XVI. Buste à dr. ℟. RUFINA TUSCULO REST. Forteresse. 4 c. Attribuée à Benvenuto Cellini.

35. **Jules III.** JULIUS TERTIUS PONT. MAX. A. V. Buste à dr. (IO CAVINO). ℟. ANGLIA RESURGES UT NUNC NOVISSIMO DIE. Le pape entouré de sa cour relevant l'Angleterre. 5 c.

36. — JULIUS III. PONT. MAX. AN. IIII. Buste à dr. ℟. KPATOYMAI. Une femme en arrêtant une autre complètement nue; à ses pieds, un serpent. 3 c.

37. — JULIUS III. PONT. MAX ANN. IIII. Buste à dr. ℟. PONS VIRGO VILLE JULIE. Monument, 3 c.

38. — JULIUS III. PONT. MAX. AN. JUBILEI. Buste à dr. ℟. HÆC PORTA DOMINI MDL. ROMA. Une porte sur laquelle on lit : JUSTI INTRABUNT PER EAM. 4 c.

39. — JULIUS III PONT MAX. AN. III. Son buste à dr. ℟. ANNONA PONT. L'Abondance assise. 3 c.

40. **Paul IV.** PAULUS IIII PONT. OPT. M. Buste à dr. ℟. ROMA RESURGES. Rome debout. 3 c.

41. — PAULUS IIII PONT. MAX. AN. V. Buste à dr.; dessous (I.P.P.). ℟. BEATI QUI CUSTODIUNT VIAS MEAS. Buste du Christ. 2 1/2 c.

42. **Pie IV.** PIUS IIII PONTIFEX MAXIMUS. Buste à g. ℟. VIRGINI MATRI. Porte d'une église. 4 c.

43. **Grégoire XIII.** GREOGORIO XIII PONT. OPT. MAX. Buste à g. ℟. Inscription en huit lignes commençant par : MONASTERIAR. ECCLESIARUM, et finissant par : MDLXXXIII. 6 c.

44. — GREGORIUS XIII PONT. MAX. AN. VII. Buste à g. ℟. VIGILAT. Un dragon devant une porte. 4 1/2 c.

45. — GREGORIUS XIII. PONT. OPT, MAXIMUS. Buste à dr.; dessous (L PARM). ℟. ANNO RESTITUTO MDLXXXII. Tête de bélier. Arg. 4 c.

46. — GREGORIUS XIII. PONT. OPT. MAXIMUS. Buste à dr. (L PARM). ℟. UT FAMULUS. TUU. GREG. CONSERVARE DIGNE 1582. Une église. 4 c.

47. — GREGORIUS XIII. PONT. MAX. ANNO JUBILEI. Buste à g.; dessous (FED PARM). ℟. DOMUS DEI ET PORTA CŒLI. Le pape devant le peuple ouvrant une porte avec une pioche. 1575. 3 1/2 c.

48. — GREGORIUS XIII. PONT. MAX. AN. I. Buste à g.; dessous (F. P.) UGONOTORUM STRAGES 1572. Massacre des Huguenots. 3 c.

49. **Pie V.** PIUS GHISLERIUS BOSCHEN PONT AN. Buste à g. ℟. NE DETERIUS VOBIS CONTINGAT. Jésus-Christ et les Apôtres. 3 c.

50. — PIUS V PONT. OPT. MAX. ANNO VI. Buste à g. ℟. BEATI QUI CUSTODIUNT VIAS MEAS. Buste du Christ. 3 c.

51. — PIUS V PONTIFEX MAX. Buste à dr. (F P). ℟. DOMUS MEA DOMUS ORATIONIS. VOC. Jésus chassant les marchands du temple. 3 c.

52. — PIUS V PONTIFEX MAX. A. VI. Buste à g. ℟. Le lavement des pieds.

53. **Grégoire XIV.** GREGORIUS XIIII. PONT. MAX. Buste à dr. (NIC. BONIS). ℟. DEXTRA DOMINI FACIAT VIRTUTEM. Le pape bénissant un étendard, 1591, arg. 3 c.

54. **Sixte-Quint.** SIXTUS V PONT. MAX. ANO IIII. Buste à dr. ℟. QUARTUM ANNO QUARTO EREXIT. Un obélisque. 4 c. 1/2.

55. — SIXTUS V PONT. MAX. an V. Buste à dr. (NI. BONIS). ℟. PONS FELIX AN. DOM. MDLXXXIX. Pont. 4 c.

56. — SIXTUS V PONT. MAX. AN. VI. Buste à g. (NI. BONIS). ℟. SUPER HANC PETRAM. ROMA. Le Vatican. Arg. 3 c.

57. — SIXTUS V PONT. MAX. AN. III. Buste à dr. ℟. EXALTAVIT HUMILES 1587. Statues de saint Pierre et saint Paul. Arg. 3 c.

59. **Clément VIII.** CLEMENS VIII PONT. MAX. AN. IIII. Buste à g. (GIOR. RAN). ℟. CONSECRATIO. Le pape et ses desservants à l'autel. 3 c.

60. **Léon XI.** LEO XI PONT. MAX. ANNO I. Buste à g. ℟. DE FORTITUDO DULCIDO M. D. C. V. Un lion mort; au-dessus de lui, un essaim d'abeilles sous la base (GIO PARM). 4 c.

61. **Paul V.** PAUL V BURGHESIUS ROM. PONT. MAX. A. S. M. MDVIII. Buste à dr., dessous (P. SANQUIRICO). ℟. TEM. D. PETRI IN VATICANO. Le Vatican; dessous on lit : ET PORTÆ INFERI NON PREVALEBUNT. 6 c.

62. — D. O. M. PAULO V. P. M. FAVENTE, etc. Inscription en 10 lignes. ℟. TALES AMBI FUNDATORES. Une église; dessous : FUNDAT METUM HUMILITAS. 6 c.

63. — PAULUS V PONT. MAX. AN. VIIII. Buste à g. (P. A. MORI). ℟. IN HONORE PRINCIPIS APOST. Le Vatican; dessous : ET PORTÆ INFER NON PEVALEBUT. Arg. 4 c.

64. — PAULUS. V. PONT MAX. AN VII. Buste à g. (P. AN. MORI). ℟. INTER SANCTOS REFERT CARD. BOROMEUM. AN. MDCX. Canonisation de Ch. Borromée. 3 c.

65. **Urbain VIII.** URBANUS VIII. PON. MAX. A. XIX. Buste à dr. ℟. UBERIORI ANNONÆ COMMODO. Greniers d'abondance. Arg. 4 c.

66. **Innocent X.** INNOCENTIUS X. PONT. MAX. A. IX. (G. M.). Buste à g. ℟. ABLUTO AQUA VIRGINE AGONALIUM CUORE. Obélisque et fontaine. 4 c.

67. **Alexandre VII.** ALEX. VII. PONT MAX. A VII. 1661. Buste à g., sans revers, 10 c.

68. — ALEX. VII. P. M. VATICANI TEMPLI ARCA PORTICIBUS ORNATA. Buste à g. ℟. FUNDAMENTA EJUS IN MONTIBUS SANCTIS. Portiques du Vatican. 8 c.

69. **Clément IX.** CLEMENS IX. PONT. MAX. A. I. Buste à g. ℟. DEDIT INDICA ROSA ODOREM SUAVITATIS ANNO 1668, dans une couronne de roses. Arg. 3 c.

70. **Alexandre VIII.** ALEXANDER VIII OTTHOBONUS VENETUS PONT, MAX. Buste à g. ℟. Le tombeau d'Alexandre VIII. 6 c.

71. **Innocent XII.** INNOCENT XII PONT. MAX. A. IV. Tête à dr. ℟. JUSTITIÆ ET PIETATI CIƆICVC. Un palais. 3 c.

72. **Clément XI.** CLEM. XI. PONT. OPT. M. Buste à dr.; dessous : OPUS HAMERANI. ℟. Saint Pierre peignant la Vierge; dessus : HAMERANO F. 6 c.

73. CLEMENS XI. PON. OPT. MAX. Buste à dr. ℟. SAC. BAS. S. MARIÆ MAJORIS. Eglise de Sainte-Marie-Majeure. 4 c.

74. **Marcel II.** MARCELLUS II PONT. MAX. Dessous le buste à gauche. IO. RITV. MEDIOL. Sans revers, plomb. 8 c.

ECCLÉSIASTIQUES

75. **Alidossi.** Tête à droite. FR. ALIDOXIUS CAR. PAPIEN. BON. ROMANDIOLAE QUE C. LEGAT. ℟. Jupiter sur un char traîné par des aigles. HIS AVIBUS CURRUE QUE CITO DUCERIS AD ASTRA. 6 c.

76. **Saint Thomas d'Aquin.** Tête à droite. DIVUS THOMAS DE AQUINO. ℟. Palmier. RORATE CAELI DE SUPER. 7 c.

77. **Aquaviva.** Buste à gauche. CLAUD. DE AQUAVIVA GEN. SOCIET. JESU. ℟. Monogramme du Christ dans une couronne entourée de rayons. 5 c.

78. **Saint Charles Borromée.** CAR. BOROMAEUS CARD. ARCHIEP. MLDI. Sans revers. 5 c.

79. **Averoldus Altoveldus.** Buste à droite. ALTOVELDUS AVEROLDUS BRIXIEN. POLEN. EPS. LEGTS. APOST. R. Deux hommes nus essayant de voiler la Vérité ; à l'exergue : VERITATI B.

80. **Thomas Bonaviti.** THOMAS BONAV. EX CONCHERARDESCHAE ARCHIEP FLOREN. Buste à droite. Sans revers. 6 1/2 c.

81. **Jérôme Colonna.** HIER S. R. A. CARD. COLUMNA ARCHIEPISC. BONONIAE. Buste à gauche. ℟. SONNINI PRINCEPS ET PALLIANI ET MARINI DUX. Une croix surmontée d'un chapeau de cardinal. 5 c.

82. **Crespi.** Tête à gauche. TI. CAR CRISPUS LEG. ℟. HAURITE SECURE. Cheval paissant. 4 c.

83. **Destouteville.** Buste à droite. G. DESTOUTEVILLA EPIS. OSTI. CAR. ROTHO. S. Z. E. CAM. ℟. Écusson. 5 c.

84. **Hosius.** STANISLAS HOSIUS CARD. WARMIENSIS. Tête à droite. ℟. Écusson. HAEC SCRIPSI VOBIS DEOS, QUI SEDUCUNT VOS. 3 c.

85. **Alexandre Farnèse.** Buste à gauche. ALEXANDER CARD. FARNESIUS. S. R. E. VICECAN. ℟. Génie ailé tuant un monstre. 6 c.

86. — ALEXANDER CARD. FARNES. S. R. E. VICECAN. Buste à gauche; dessous : FP. 4 c.

87. **Fornasario.** HIER. ABB. FORNASARIUS. BON. ARCHIGY. I. C. DE. MANEPR. IM. Buste à droite ; dessous : Æ. AN. 65 (A. TRAVANUS). ℟. NOMEN IN ORE SEDET, etc. Une gloire surmontée d'une tête de cheval. 5 c.

88. **Ludovisi.** FRAGILEM ARENAM JACIMUS UT DOMUM FUNDEMUS AETERNAM. Buste à droite de LUDOVISI. ℟. LUDOVICUS CARD. LUDOVISIUS S. R. E. VICECANCELLARIUS FUNDAVIT. Façade de l'église de Saint-Loyola à Rome ; dessous : A. MDCXXVI. 7 c.

89. — UT SAPIENS ARCHITECTUS FUNDAMENTUM POSUI QUOD EST XRS IESUS. Buste de LUDOVISI à droite. ℟. LUDOVICUS CARD. LUDOVISIUS, etc. Inscription en dix lignes. 7 c.

90. **Saint Ignace**. IGNAT. SOCIET. JESU. FUNDAT. Buste à gauche. ℟. OBIIT. PRID. KAL. AUG. ANN. CI). I). LVI. AETAT. SUAE LXV. CONFIR. VERO. SOCIETATIS. JESU. XVI. 4 1/2 c.

91. **Louis**, patriarche d'Aquilée. L AQUILIGIENSIUM PATRIARCA ECCLESIAM RESTITUIT. Buste à droite. ℟. ECCLESIA RESTITUTA EX ALTO. Une armée, fantassins et cavaliers se dirigeant vers un temple, 1147.

92. **Marescotti**. Tête à gauche. CAEPIT FACERE ET POSTEA DOCERE. ℟. Monogramme du Christ dans une couronne à rayons; deux légendes circulaires sur la seconde. F. ANTONIO MARESCOTO DA FERRARA. 8 c.

93. **Moronus**. Tête à droite. IOANNES CARDINALIS MORONUS. ℟. Un paysage; à l'exergue : VOX DE CAELO. 5 c.

94. **Cornelio Musso**. Buste à gauche. CORNELIUS MUSSUS EPUS BITUNT. ℟. Vipère au milieu d'une campagne. SIC VIRUS A SACRIS. 6 c.

95. **Madrucci**. Tête à gauche. CHRISTO EX BARONIBS. MADRUCCI AETA. SUAE XXXI. Écusson du cardinal. CARDINAL. ET EPIS. TRIDENT. ADMINISTRA. BRIXINENSIS. 4 c.

96. **Musso**. CORNELIUS MUSSUS EPS BOUTONTIT. Buste à gauche. ℟. DIVINUM CONCINIT ORBI. Cygne. 6 c.

97. **Emmanuel de Richecourt**. Buste de trois quarts. ℟. VIRTUTE DUCE, COMITE FORTUNA. Personnages allégoriques soutenant un bouclier. (IOH. LAPI. F.) 8 c.

98. **Bernard de Rubeis**. Tête à droite. BER. RU. CO. RE. EPS. TAR. LE. BO. VIC. GUB. ET PRAE. ℟. Femme tenant un pavot sur un char, traîné par un paon et un aigle. OB VIRTUTES IN FLAMINIAM RESTITUTAS. 6 c.

99. **Sanctusius.** Buste à droite. HIERONYMUS SANCTUCIUS URBINAS EPS FORO SEMPRONIENSIS. ℟. Femme nue tenant un thyrse et appuyée sur une colonne. CONSTANTIA FIRMA. 9 c.

100. **Jérôme Savonarola.** Buste à gauche, tenant un crucifix. HIERONYMUS SAV. FER. ORD. PRE. VIR. DOCTISSIMUS. ℟. Main et poignard, vue d'une ville. GLADIUS DOMINI SUB. TERRA, etc. Colombe. SPIRITUS DEI, etc. 8 c.

101. — Tête à gauche. HIERONYMUS SAV. FER. VIR. DOCTISS. ORDINIS PREDICHATORUM. ℟. Une main tenant une épée au-dessus d'une ville. SUP. TERAM CITO ET VELOCITER GLADIUS DOMINI. 9 c.

102. — Même légende, même tête à gauche. ℟. Même type et même légende. 6 c.

103. **Mathias Hugo.** Tête à gauche. MATHIAS UGO EPS PHAMANY. ℟. Une balance dans une couronne. TRUTINAE EXAMINE CASTIGATO. 6 c.

104. **Vidomini.** Tête à dr. FRANC VISDOMINUS FERRARIEN. Sans revers. 6 c.

MÉDAILLES RELIGIEUSES

105. **Ihs. XPS. Salvator mundi.** Buste du Christ à g. ℟. PAULUS APOSTOLUS VAS ELECTIONIS. Buste de Saint Paul à dr. 8 c.

106. **Ihs. Kpe. Salvator mundi.** Buste du Christ. ℞. dans une couronne. TU ES CHRISTUS FILIUS DEI VIVI QUI IN HUNC MUNDUM VENISTI. 8 c.

107. — FECIT MIHI MAGNA, QUI POTENS EST. Buste à dr. de femme nimbée et voilée. ℟ GLORIA IN EXCELSIS DEO. L'Adoration des Bergers. 8 c.

108. — EGO SUM VIA ET VERITAS, etc. Jésus-Christ tenant sa croix. ℟ une église. 5 1/2 c.

109. — DIVO. PIO. I. PONT. ET. MARTIRI ECCL. DIC. Le pape assis tenant les clefs et le saint ciboire. ℟ une église. 6 c.

110. — Une assemblée d'évêques. OCAECAS HOMINUM MENTES O PECTORA CAECA. ℟. Vue d'une flotte en mer. VENI VIDE VIVE. 5 c.

111. — Buste du Christ. BEATI QUI SEQUUNTUR VIAS MEAS. ℟. Saint Pierre et Saint Paul près d'une église. S. PETRUS S. PAULUS. 3 c.

112. — La vierge de Pise assise. PISE. ℟. Un aigle. NACHEPA PAULA LUDEPIS POT DO. — Argent 2 1/2 c.

EMPEREURS

113. **Jean Paléologue.** ΙΩΑΝΝΗC. ΒΑCΙΛΕΥ ΚΑΙ ΑΥΤΟΚΡΑΤΩΡ, ΡΩΜΑΙΩΝ. Ξ. ΠΑΛΑΙΟΛΟΓΟC. Buste à dr. ℟. L'empereur à cheval, et son suivant adorant une croix, OPUS PISANI PICTORIS. ΕΡΓΟΝ. ΤΟΥ. ΠΙCΑΝΟΥ. ΖΩΓΡΑΦΟΥ. 10 c.

114. **Mahomet II.** Buste à g. IMPERAT. MAUMBET. ASIAE AC TRAPEZUNSIS MAGNE QUE CRETIE. ℟. Un bige où sont enchaînées les trois Provinces ; dessus, l'empereur tenant une Victoire, etc. OPUS BERTOLDI FLORENTINI SCULTORIS. 9 c.

115. — SULTANI F. MOHAMETI IMPERATORIS MAGNI. Buste à g. ℟. F. GENTILIS BELENUS VENETUS EQUES AURATUS, COMES QUE PALATINUS. 3 couronnes. 9 c.

116. **Maximilien.** Buste à dr. MAXIMILIANUS DUX AUSTRIAE BURGUND. ℟. L'Ordre de la Toison d'Or. JE L'AI EMPRINT MCCCCLXXVIII. 9 c.

117. — IMP CAES DIVUS MAXIMILIANUS P. F. AUG. Buste à dr. ℟. ANNA. RE. PAN., HIN. RO. IM. MAXI. DESPONSATA. Tête couronnée à g. 5 1/2 c.

118. — MAXIMILIANUS DEI GRA. ROMANOR. REX. SEMPER AUGUSTUS. Buste à g. ℞. Cinq écussons, argent doré. 4 c.

119. **Charles-Quint**. Buste à dr. IMP. CAES. CAROLUS. V. AUG. Sans revers. 9 c.

120. — Buste à dr. IMP. CAES. CAROLUS V. AUG. 3 1/2 c.

121. **Léopold**. Buste à dr. IMP. CAES. LEOPOLDUS. AUG. ℞. Un guerrier relevant la Pannonie. PANNONIAM CHRISTO RESTITUEBAT MDCLXXXVI. 10 c.

LA SAVOIE

122. **Philibert II de Savoie**. Bustes affrontés de Philibert II et de Marguerite; le champ est semé de lacs d'amour et de fleurs du soleil. ℞. GLORIA IN ALTISSIMIS DEO ET IN TERRA PAX HOMINIBUS BURGUS. Écusson dans le champ, lacs d'amour et fleurs de soleil. 11 c.

123. **Charles-Emmanuel** et **Catherine**, infante d'Espagne; leurs bustes accolés. ℞. FERT REFERT. Q. Écusson au-dessous d'une couronne. 7 1/2 c.

124. **Charles Emmanuel**. Buste de face, médaille ovale sans revers. h. 6 c.

125. **Victor-Amédée**. Buste à dr. VICTOR AMEDEUS DUX-SAB. PRINC. PED. REX. CIP. (G. Dupré f.). ℞. Buste de sa femme, christiana, à dr. (G. Dupré f. 1634).

126. **Marguerite de Foix**, marquise de Saluces. Son buste voilé à g. ℞. DEUS PROTECTOR ET REFUGIUM MEUM, écusson attaché à un arbre, sur lequel est un oiseau. Argent 4 1/2 c.

VENISE

127. **Pascal Malipieri et sa femme Jeanne**. Son buste à g. PASQUALIS MARIPETRUS VENETUM D. ℟. Buste à g. Diane. ALME URBIS VENETIAR DUCISSE INCLITE. 9 c.

128. **Christophe Mauro**. Buste à g. CHRISTOPHORUS MAURO DUX. ℟. dans une couronne. RELIGIONIS ET JUSTITIAE CULTOR. 4 c.

129. **Léonard Lauredan**. Buste à dr. LEONARDUS LAUREDANUS D. V. ℟. L'Adriatique couronnant le doge à genoux dans un char. (AGRIPP. FACI). 10 c.

130. — Buste à g. LEONAR LAUREDANUS DUX VENETIAR, etc. ℟. L'équité debout. AEQUITAS PRINCIPIS. 7 c.

131. **Jérôme Prioli**. Buste à dr. HIERONIMUS PRIOL. VENE. DUX. ANO. P. VIII. LXXX. 1566. ℟. Buste à dr. ALOY. DIEDO. PRIMICE S. MAR. VE. AN III. AE XXVII. 1566. 9 c.

132. **Marc-Antoine Memo**. Son buste à dr.; dessous (g. Dupré f. 1611). MARCUS ANTONIUS MEMMO DUX VENETIARIUM. 9 c.

133. **Marc-Antoine Justiniani**. Buste à dr. MARC ANTONIUS VENETIAE. Sans revers. 5 c.

133 bis. **Dominique Grimani**. Buste à g. DOMINICUS CARDILIS GRIMANI. ℟. La Théologie relevant la Philosophie. THEOLOGIA, PHILOSOPHIA. 6 c.

134. **Vendramini**. Buste à g. CAR VENDRAMENUS PATR. VENET. FRAN. S. R. E. ℟. Deux personnages en adoration devant une croix très-ornée. ANNUNTIAVIT CRUX AMPLITUDINEM, etc. 6 c.

135. **Bembo**. Buste à dr. PETRI BEMBI CARD. ℟. Pégase à g. 6 c.

136. **Thomas Moncenigo.** Buste à g. THOMAS MOCENIGO. ℞. Trois personnages allégoriques debout près d'un autel. VIRTUTE COMITE FORTUNA. 4 c.

137. **Antoine de Mula.** Buste à g. ANT. MULA, DUX CRETAE. X. VIR. III. CONS. IIII. ℞. Deux hommes debout se donnant la main. (AND. SPIN. F.) André Spinelli. 4 c.

138. — Le lion de Saint-Marc, EX UTROQUE VICTOR. ℞. Le doge recevant l'hommage des envoyés turcs. Ovale, haut. 7 c.

139. **François Maurocено.** Buste à dr. FRANC. MAUROCENO E. Q. D. M. S., etc. ℞. La Renommée. ET UTRA SPARGET. 4 c.

MILAN

140. **Philippe-Marie Visconti.** PHILIPPUS MARIA ANGLUS DUX MEDIOLANI ET CETERA PAPIE ANGLERIE QUE COMES AC GENUE DOMINUS. Buste à dr. ℞. OPUS PISANI PICTORIS. Le Duc à cheval, suivi de ses hommes d'armes ; dans le lointain, la ville de Milan. 10 c.

141. **François-Alexandre Sforce.** Tête à g. FRANCISCUS SFORTIA VICECOMES MARCHIO ET COMES AC CREMONE DUX. ℞. Tête de cheval, épée et livre ouvert. 10 c.

142. — Tête d'ALEXANDRE SFORCE, sans légende ni revers : médaille carrée, longue. Haut. 4 c.

143. **Jean-Galeas Sforce.** Buste à g. IO. GZ. P. DUX MEDIOLANI. Plomb sans revers. 10 c.

144. **François Sforce.** GALEAS-MARIE SFORCE. Tête à dr. FR. SFORTIA VICECOMES, etc. ℞. Tête à g. GALEAS MARIA SFORTIA VICECOMES, etc. 4 c.

145. — FR. SFORTIA VICECOMES. Buste à dr. ℞. IO. FR. ENZOLAE PARMENSIS OPUS. Un Chien près d'un arbre. 4 c.

146. **Isabelle.** ISABELLA ARAGONIA DUX. Buste à dr. ℟. CASTITATI VIRTUTE Q. INVICTAE. Femme assise près d'un palmier; elle tient une palme et un bâton enroulé d'un serpent. 4 c.

147. **François Sforce.** Buste à g. FRANCISCUS SFORTIA VICECOMES DUX MLI. QUARTUS. ℟. CLEMENTIA ARMIS PARTA. Le duc, sous un dais, relevant des prisonniers. 4 c.

148. **François Taberna.** Buste de face. FRAN. TABERNA CO. LAND. MAGN. CANCELLARIUS AN. LXX. Sans revers. 7 c.

149. **François II Sforce.** Buste à dr. FRANCIS. SF. II DUCIS MLI. ℟. Minerve debout. CONSTANTIAE. 3 c.

150. **Cardanus.** Buste à dr. HIER. CARDANUS AETATIS AN. XLVIIII. ℟. Danse de Nymphes et de Sylvains. ONEIPON. 5 c.

151. **Jacques de Médicis.** Buste à dr. IA. MED. MARCH. MELEG. ET. CAES. CAP. GNALIS. Z. C. Sans revers. 6 c.

VIGEVANO-TRIVULCE

152. **Jean-Jacques Trivulce.** Tête à g. JACOBUS TRIVUL. F. FRANC. MARESCALUS. ℟. EXPUGNATA ALEXANDRETTA, etc. Médaille carrée. 5 c.

153. — IO. IA. TRI. MAR. VIGLE. ET FRANC. MARESCAL. Tête à dr. ℟. ME DUCE TUTUS ADIBIS ASTEA. Femme debout tenant une palme et un caducée. 4 c.

154. **Jean-François Trivulce.** IO. FRAN. TRI. MAR. VIC. CO. MUSO. AC. VAL. RENT. ET. STOSA. D. Buste à dr. ℟. FUI SUM ERO. Vénus sortant de l'onde. 6 c.

FLORENCE

155. **Laurent le Magnifique.** Buste à g., sans revers. 3 1/2 cent.

156. — LAURENTIUS MEDICES. Buste à g. ℞. OB CIVES SERVATOS. Figure nue et casquée debout; trois personnages nus assis. 3 c.

157 — **Laurent de Médicis.** LAURENTIUS MEDICES. Son buste à g.; dessous, l'intérieur de la cathédrale de Florence. SALUS PUBLICA. ℞. JULIANUS MEDICES. Son buste à g., même intérieur de la cathédrale de Florence. LUCTUS PUBLICUS. (Médaille de ANTONIO PALLAINOLO.) Ayant trait à la conjuration des Pazzi. 7 c.

158. **Julien de Médicis.** Buste à g. MAG. JULIANUS MEDICES. ℞. Femme assise sur des armes et tenant une Victoire dans sa main droite. ; elle est accostée des lettres E. P.; à l'exergue : ROMA. 3 c.

159. — Buste à gauche. MAGNUS IULIANUS MEDICES. ℞. La Vertu et la Fortune se donnant la main. DUCE VIRTUTE COMITE FORTUNA MDXIII. 5 c.

160. **Alexandre Ier de Médicis.** Buste à droite. ALEXANDER MED. DUX FLORENTIAE I. ℞. La Paix assise portant sur des armes une torche allumée. FUNDATOR QUIETIS MDCXXXIIII. 4 c.

161. — Même médaille variée. 3 c.

162. — DUX ALEXANDER MEDICIS. Buste à droite. Sans revers. 6 c.

163. — Buste à droite. Sans revers. Médaille ovale. Haut : 6 c.

164. **Laurenzino**. Buste à droite. LAURENTIUS MEDICES. ℞. Bonnet de la liberté entre deux poignards. VIII. ID. JAN. Frappée à l'occasion du meurtre d'Alexandre Ier, par Lorenzino, en 1537. Imitation du revers d'un denier de Brutus. 4 c.

165. **Lucrèce de Médicis**. Buste à gauche. LUCRETIA MED. FERR. PRINC. A. A. XIII. Sans revers. Plomb, 6 c.

166. **Cosmes II**. Buste à droite. COSMUS MED. FLORENT. ET SENAR DUX II. Un monument. PULCHRIORA LATENT. 4 c.

167. — Buste à droite. COSMUS MED. FLORENT. ET SENAR. DUX. II. ℞. Neptune sur un rocher. OPINAR. ILLOR. QUO. MELLIOR. 4 c.

168. — COSMUS FLORE DUX II. Buste à droite dans une couronne. ℞. SALUS PUBLICA FLOREN. Florence casquée tenant une victoire. 4 c.

169. — COSMUS MED. II REIP. FLOR. DUX. Tête à droite. ℞. Hygie debout. SALUS PUBLICA. 3 c.

170. — Tête à droite. COSMUS MED. FLOREN. ET SENAR. DUX II. ℞. Deux mains défaisant un nœud. EXPLICANDO IMPLICATUR. Argent. 4 c.

171. — Tête à droite. COSMUS MED. R. P. FLOREN. DUX II. ℞. Neptune, port et navires. THUSCORUM ET LIGURUM, SECURITATI ILVA RENASCENS. 4 c. Argent.

172. — Tête à droite. COSMUS MED. FLOREN. ET SENAR. DUX. II. ℞. Femme debout entre un lion et une louve. H. R. ETRURIA PACATA. 3 c.

173. — Tête à droite. COSMUS MED. FLOREN. ET SENAR. DUX II. ℞. Taureau. INMINUTUS CREVIT. 4 c.

174. — Buste à droite. COSMUS II. MED. REIP. FLOR. DUX. ℞. Capricorne et étoiles. ANIMI CONSTANTIA ET FIDUCIA PATI. 4 c.

174. — Buste à droite. COSMUS MED. FLOREN. ET SENAR. DUX II ℟. Un guerrier, à genoux, tient d'une main une croix, et rend son épée à un autre guerrier. VICTOR VINCITUR. 4 c.

176. — Buste à droite. COSMUS MED. FLOREN. ET SENAR. DUX II. ℟. SICCATIS MARITIMIS PALUDIBUS, etc. 4 c.

177. — COSMUS. MEDICES. REIPUB. FLOREN. DUX. Buste à droite. ℟. PUBLICAE SALUTI dans une couronne. 2 1/2 c.

178. — Tête à droite. COSMUS MED. FLOREN. DUX. II. ℟. Cosmes Ier sur une estrade, entouré de soldats. CONSTITUTA RES MILITARIS (P. P. GALEOTTI.) 4 c.

179. **Camille Martelli de Medicis**. Buste à droite. CHAMILLA MARTELLI DE MEDICI. Sans revers. 4 c.

180. **François Ier**. Tête à droite. FRANCIS. MEDICIS FLOREN. ET SENAR. PRINCEPS. ℟. Femme debout, deux guerriers à ses pieds. DII NOSTRA INCEPTA SUCCEDUNT 1564. 4 c.

181. — FRAN. M. MAGNI DUCIS ETRURIAE II. FOELICIB. AUSPIC. Buste à droite. ℟. HOSPITALES SANCTÆ MARIÆ NOVÆ AUCTUM. Hôpital de Sainte-Marie-Nouvelle. 4 c.

182. — FRANCIS. MEDICES FLOREN. PRINCEPS. Buste à droite. ℟. IOANN. PRINC. FLOREN, ET SENAR. ARCHIDUC AUSTRIÆ. Buste à droite. 4 c.

183. **Ferdinand III**. FERDINANDUS II MAGN. DUX ETRUR, III. Buste à droite. Sans revers. 9 c.

184. — Buste à droite. FERDINANDUS I, MAGN. DUX. ETR. III. Sans revers. 8 c.

185. — Buste à droite. FERD. MED. MAGN. DUX ETRURIÆ III. ℟. Un saint à genoux suppliant trois étrangers d'entrer dans sa demeure. NE TRANSEAS SERVUM TUUM. 4 1 2 c.

186. **François de Médicis**, quatrième fils de Cosmes II. Buste à droite. D. PRINCEPS FRANCISCUS MEDICES (G. D. F. 1613) DUPRÉ. Sans revers. 9 c.

187. — Médaille semblable, mais ovale, sans revers. Haut : 9 c.

188. — Buste à droite. FRANCISCUS MEDICS F. PRINCEPS. Sous le buste, 1509. Sans revers. 7 c.

189. **Cosmes IV, Médicis.** Buste à droite. COSMUS II. MAGN. DUX ETRURIÆ IIII. Sans revers. 9 c.

190. **Marie-Madeleine**, archiduchesse d'Autriche. Tête à gauche. MAR. MAGDALENÆ ARCH. AUST. MAG. ETR. Sous le buste (G. D. F. 1613) DUPRÉ. 9 c.

191. — Buste à gauche. MARIA MAGD. ARCHID. AUSTR. MAG. DUX ETR. ℞. Buste à droite. FERDINANDUS II. DUX ETRUR. 4 c.

192. **Christiana.** Buste à droite. CHRISTIANA. PRINC. LOTHAR. MAG. DUX HETRUR. 1592. ℞. Buste à droite. FERDINANDUS MAG. etc. 4 c.

193. **Ferdinand de Médicis.** Buste à g.; dessous, (A H.) FERDINANDUS II. MAGN. DUX ETRUR. ℞. Une branche de rosier. GRATIA. OBVIA. ULTIO. QUAESITA. 5 c.

194. **Cosme de Médicis.** Buste à g. COSMUS III. PRINC. AETRUR. ℞. Un navire en mer. CERTA FULGENT SIDERA. 4 cent. 1/2,

195. **Jean de Médicis.** Buste à g. GIOVANNI DE MEDICI. Buste à g. Sans revers. 5 c.

196. **Violande Béatrix.** Buste à dr. VIOL. BEATR. PR. BAV. MAGN., ETR. PR. Sans revers. 9 c.

197. **Guadagni** (Thomas). THOMAS DE GUADAGNIS CIVIS FLORENTINUS NOBILIS. Buste à g. ℞. Ecusson. 10 c.

198. — DE GUADAGNIS. CI. FLO. Buste à g. ℞. Grande légende en douze lignes. 10 c.

BOLOGNE

199. **Galeas Marescotti.** Buste à dr. GALEASIUS MARESCOTUS DE CALVIS. BONONIEN. EQUES AC SENATOR OPTIMUS. ℞. Fi-

gure assise sur des armes, tenant un livre. OPUS SPERANDEI. Plomb. 10 c.

200. **André Bentivoglio**. Tête à g. ANDREAS BENTIVOLUS BONON. COMES AC LIBERTATIS PATRIAE SPLENDOR. Sans revers. Plomb. 9 c.

201. **Cornelius Bentivoglio**. Buste à dr. CORNELIUS BENTIVOLUS, 1577. Sans revers. Plomb. 6 c.

FERRARE

202. **Hercule d'Este**. HERC. DUX FERRARIE III. Buste à dr. ℞. Femme assise sur un canon, tenant une corbeille de fleurs. 4 c.

203. **Alfonse d'Este**. Alphonse assis tenant le château de Ferrare; dessous, Horace Malegotti à genoux. ℞. Palmier. HORATIUS MALEGUTIUS HUMILIS SERVUS 1576. 4 c.

204. **Simon Ruffini**. Buste à g. SIMON RUFFINUS MEDIOLANI FERRARIE QUE, etc, ℞. Un homme debout sur un paon, tenant un manuscrit à la main. OPUS SPERANDEI. 9 c.

MANTOUE

205. **Jean-François de Gonzague**. Buste à g. IOANNES FRANCISCUS DE GONZAGA. CAPIT. MAXIM. ARMIGERORUM, etc. Le duc à cheval avec son écuyer. OPUS PISANI PICTORIS. 10 c.

206. — La même médaille en plomb.

207. **François de Gonzague**. Buste à dr. D. FRANCISCUS GON. D. FRED. III. MANTUE. F. SPES. PUB. SALUSQ. F. REDIVIVI. ℞. Figure debout, entre le Feu et l'Eau, tenant

une lance et une corbeille, sur laquelle est écrit : CAUTIUS ; sur la base MELIOLUS DICAVIT. 9 c.

208. **Vincent Ier.** VIN. C. DUX. MANT. IIII ET MONT. F. II. Buste à g. ℞. A FUNDAMENTIS EREXIT, 1590 dans un écusson. 4 c.

209. **Frédéric.** Buste à g. FREDERICUS DUX MANT. ET MAR. MONT. F. ℞. Deux femmes au pied d'une croix; au bas, un cadavre. HIC EST VICTORIA MUNDI. 3 c.

210. — FREDERICUS II MARCHIO MANTUE V. Buste à g. ℞. FIDES. Un autel sur un rocher. (IOANNES MARIA POMEDELO). 3 c.

211. — P. FED. MANT. PRINC. XII AN NATO. Buste à g. ℞. Mars armant un enfant, qui est entouré des Grâces. MARS ARMA DOCET QUEM DOCUI. 5 c.

212. **Ferdinand.** Buste à g. FERDIN. DUX D. G. MANT. VI. ET M. FER. IIII. ℞. Le Soleil. LUCE NON MUTUAR. Médaille ovale. II. 4 c.

213. **Vincent II.** Buste à g. VINCENT II, D. G. DUX MANT. V. (G. MORONI), dogue. FECIT TANTUM INFENSUS. 4 1[2 c.

214. — La même médaille en argent.

215. **Charles Ier.** Buste à dr. CAROLUS I D. G. DUX MAN. T. ME. F. ET G. Sous le buste : G. MORONI 1528. ℞. Le Soleil entouré des signes du zodiaque et d'étoiles, éclaire le globe terrestre. NEC DEVIO NEC RETROGRADIOR. Argent 4 c.

216. CAROLUS I. D. G. DUX MANT. ET AN. F. ET G. Buste à dr. ℞. Écusson au-dessus d'une couronne sur laquelle on lit : MORELLO. 3 c.

217. **François IV.** FRAN. IV. D. G. DUX MANT. V. MONTFER. III. AN I. AET. XXVI. Buste à dr. ; dessous (G. Dupré f. 1612. 15 c.

218. **Coradus.** Buste à dr. CORADUS GONZAGA ALOSII II FIL. Sans revers. 8 c.

219. **Ferdinand**, cardinal. FER. CARD. D. G. DUX MANT MONTIS F. CAROLI VI. GUAST., etc. Buste à g. ℞. CERTISSIMA SIGNA SEQUUNTUR. Le Soleil et les signes du zodiaque. 5 c.

220. **Bautia.** Buste à dr. DIVA ANTONIA BAUTIA DE GONZ. P. M. Buste à dr. ℞. Diane dans un char traîné par Pégase. SUPEREST SPES. 4 c.

221. **Clara.** Buste à dr. CLARA DE GONZ. COMITI MONT. PENSIER. II ET DELPHINA ALME. ℞. Même tête et même légende. 6 c.

222. **Marie-Madeleine.** MARIA MAGDALENA DE GONZAGA MARCHIONISSA, ETC. Buste à g. ℞. Une colombe entre deux rameaux sur un livre ouvert; sur la base : (MELIOLUS DICAVIT). 5 c.

223. — Buste à dr. MAGDALENA MANTUANA DIE. XX. NO. M. CCCC. IIII. Un Génie poursuivant le Temps. BENE HANC CAPIAS ET CAPTAN TENETO. 4 1/2 c.

224. **Hyppolite.** Buste à g. HYPPOLYTA GONZAGA FERDINANDI FILIA. AN XVI. (ΑΕΩΝ ΑΓΗΤΙΝΟC). ℞. PAR UBIQUE POTESTAS. Diane partant pour la chasse, suivie de ses chiens. 6 c.

225. — Buste à g. HIPPOLYTA, etc. ℞. VIRTUTIS. FORMÆ Q. PRAEVIA. Figure allégorique dans un char traîné par Pégase. 7 c.

226. — HYPPOLITA GONZAGA, etc. ℞. NEC TEMPUS NEC AETAS. Figure entourée d'instruments de physique et de musique. 6 c.

227. **Anne-Isabelle.** ANN. ISAB. D. G. MANT. MONT. CAR. VILL. GUAST., etc. Buste à g. ℞. OCULI MEI SEMPER AD DOMINUM. Un aigle regardant le soleil. 5 c.

228. — La même médaille en argent. 6 c.

MALATESTA RIMINI

229. **Sigismond**. Buste à g. SIGISMONDUS PANDULFUS DE MALATESTIS S. RO. ECCLESIÆ. C. GENERALIS. ℟. château de Rimini. CASTELLUM SISMONDUM ARIMINENSE MCCCCXLVI. Médaille de Matheo de Pastis. 8 c.

230. — Même médaille. 8 c.

231. — Mêmes tête et légende. ℟. La ville de Rimini assise sur des éléphants. MCCCCXLVI. 8 c.

232. — SIGISMONDUS P. D. MALATESTIS. S. R. ECCL. C. GENERALIS. Buste à g. Femme assise entre deux tours, dont l'une se brise. MCCCMCLVI. 4 c.

233. — SIGISMONDUS PANDULFUS MALATESTA PAN F. Buste à g. ℟. PRAEC. ARIMINI TEMPLUM AN. GRATIÆ V. F. M. CCCC. L. Façadede l'église de Saint-François, à Rimini. (Matteo de Pastis.) 4 c.

234. **Isotte**. Buste à dr., avec une longue coiffure pendante. D. ISOTTAE ARIMINENSI. ℟. Éléphant M. CCCCXLVI. 9 c.

235. — Buste à dr. la tête voilée. ISOTE ARIMINENSI FORMA ET VIRTUTE ITALIE DECORI. ℟. Eléphant. OPUS MATHEI DE PASTIS M CCCCXLVI. 9 c.

236. — Buste à coiffure pendante. D. ISOTTÆ. ARIMINENSI ℟. Un livre. ELEGIÆ. 4 c.

237. — Buste à dr. à la tête voilée. D. ISOTTÆ ARIMINENSI MCCCCXLVI. ℟. Un livre. ELEGIÆ. 4 c.

238. **Léonidas Malatesta**. Buste à dr. LEONIDES MALATESTA. CAROL. F. FIL. MAR. ROM. III. ℟. DEJANIRA CORPOSA MALATESTA UXOR DILECTA, 1630. Buste à dr.

239. **Malateste**. Buste à g. MALATESTA REST. A FUN. ℟. Buste à g. AURELIA S. UXOR. MDLIIII. 2 1/2 c.

CESENNE

240. **Malatesta.** Buste à g. MALATESTA NOVELLUS CESENE DOMINUS DUX EQUITUM PRÆSTANS. ℟. Malateste à genoux, au pied d'une croix ; à côté, son cheval. 9 c.

240 *bis*. Pièce semblable.

FERRARE ESTE

241. **Nicolas d'Este.** Buste à dr. NICOLAI MARCHIO ESTENSIS. Buste à dr. ℟. Écusson dans une couronne ; argent. 5 1/2 c.

242. — Buste à g. NICOLAUS II. ESTENSIS. Plomb sans revers. 8 c.

243. **Alfonse d'Este.** Tête à g. ALFONSUS MARCHIO ESTENSIS. ℟. Hercule, enfant, étouffant les serpents. 7 c.

244. **Sigismundus d'Este.** ILLUSTRISSIMUS SIGISMUNDUS ESTENSIS. Tête à g. ℟. OPUS SPERANDEI. Génie tenant une balance et une palme. Plomb. 9 c.

245. **Lionel d'Este.** Tête à g. LEONELLUS MARCHIO ESTENSIS DE FERRARIE REGII ET MUTINE (G. A RR. ℟. Génie déroulant un parchemin devant un lion, aigle perché, mat et voile sculptés sur une pierre, sur laquelle on lit : MCCCCXLIIII. ; dans le champ, OPUS PISANI PICTORIS. 10 c.

246. — LEONELLUS MARCHIO ESTENSIS. Tête à dr. ℟. OPUS PISANI PICTORIS. Quadruple tête. 7 c.

247. — LEONELLUS MARCHIO ESTENSIS Tête à g. ℟. Deux figures nues, soutenant chacune une corbeille. OPUS PISANI PICTORIS. 7 c.

248. **Isabelle d'Este.** ISABELLA ESTEN. MARCH. MA. Buste à g. ℞. ERGO BENEMERENTUM. Hygie et un serpent; au-dessus, le Sagittaire. 4 c.

249. **Léonore d'Este.** Buste à g. LEONORA ESTENSIS A. A. XV. Sans revers. 4 c.

250. **Octave d'Este.** Tête à g. COME. OCT. TASSONUS P. P. ESTEN. ℞. Monument, ARCE ANTIQUA LABENTE NOVAM EXTRUXIT. 6 c.

251. **Borsius.** Tête à g. DOMINUS BORSIUS MARCHIO ESTENSIS. R. Sans légende, une ancre. 5 c.

BRACCIANO

251. **Jordan II.** Tête à dr. PAUL IORD. II D. G. ANG. C. BRACC. DUX SRI. P. 1621. ℞. PLUMB. P. INSULARUM ILVAE. PLAN. ET ART. D. Dans le champ, une plaque, sur laquelle on lit : RELUCTANTE FORTUNA CORONATA VIRTUS ILLUSTRIOR. 4 c.

252. — Buste à g. PAUL IORD. II. URSINUS. BRACC. DUX. P. P. ℞ DUX ANG. COM. ET SINE TE. S. R. I. PRINC. P. P. 1635. La Fortune avec sa roue. 3 c.

253. — Tête à dr. PAUL IORD. II. ANG. C. BRACC. DUX. S. R. I. P. 1621. ℞. Pallas debout. UT UTRUM QUE TEMPUS. 3 c.

MIRANDOLE

254. **Jean Pic.** Buste à dr IOANNES PICUS MIRANDULENSI. ℞. Les trois Grâces debout. PULCHRITUDO AMOR VOLUPTAS. 8 c.

255. **Alexandre Pic.** Buste à g. ALEXANDER PICUS PRINC. MIRAND. MARCHIO. COM. ℞. Une église. ETERNIT. TEMPLO. D. AUGUST. ECCL. D. DICATO 1606. 4 c.

VAL DI TARO

256. **Spinola.** SPINOLA SACRI ROMANI IMPERII. AC VALIS TARI, etc., écusson. ℞. Un rocher en mer; sur une bandelette on lit : AVVESTEO PESAR. 7 c.

PERSONNAGES ILLUSTRES ITALIENS

ARCHITECTES

257. **Agrippa**. Tête à dr. CAMILLUS AGRIPPA ANT F. ℞. Guerrier courant après la Fortune et la saisissant aux cheveux. VELIS. NOLIS VE. 4 c.

258. **Dominique Fontana**. Tête à dr. DOMINIC. FONTANA CIV. RO. COM. PALAT. ET EQUES AUR. ℞. Obélisque. EX NER. CIT. TRANSTULIT. ET EREXIT JUSSU. XYSTI-QUINTI. PONT. OPT. MAX. 1586. 4 c.

259. — Buste à dr. DOMINIC FONTANA, etc. ℞. 4 obélisques. JUSSU SIXTI V. P. O. M. EREXIT. 1589. 4. c.

260. **Turrianus.** Son buste à dr. JANELLUS TURIAN. CREMON. HOROLOG. ARCHITECT. ℞. Une femme debout, tenant sur sa tête une vasque, d'où sortent des eaux que paraissent recueillir une foule de personnages. VIRTUS. NUNQ. DEFICIT (Annibal Fontana). 9 c.

GUERRIERS

261. **Barthelemy Capoleone**. Tête à g. BARTHOL. CAPUT LEONIS. MU. C. VE. SE. ℞. Homme assis sur une cuirasse et tenant un aplomb. JUSTITIA AUGUSTA ET BENEGNITAS PUBLICA. Exergue (OPUS GUIDIZANI). 8 c.

262. Même médaille en plomb.

263. **Caraffa**. ANDREAS CARRAFA SANTE SEVERINE COMES. Buste à dr. ℞. CONTERET CONTRARIA VIRTUS. Ecusson entre une épée et un niveau. 7 c.

264. **Collato**. Buste à g. IO. BAPTISTA II. DE COLLATO. CO. ET. C. ℞. Épée, palme, écusson surmonté d'un heaulme. POST TENEBRAS SPERO LUCEM M. D. L. X. 4 c.

265. **Doria**. Buste à dr. derrière un trident. ℞. Une galère. 4 c.

266. **Doti**. Buste à dr. DOTUS PATAVUS MILITIE PREFETUS PROPTER RES BENE GESTAS. ℞. CONSTANTIA, femme debout appuyée sur un cippe. 6 c.

267. **Jacques de Carraria**. Buste à dr. JACOBUS GRANDIS DE CARRARIA PATAVII DE : AN M.CCCXVIII. ℞. Écusson surmonté d'un heaulme. OBIIT ANNO. DO. MCCCXXIIII. 7 c.

268. **Otthoboni**. ANTONIUS OTTHOBON. CAP. GEN. S. R. E. Sous le buste (CIOS. ORTOL. F.). ℞. La Religion et trois autres personnages allégoriques traînés dans un char au-dessus de la mer, par la louve et le lion de Saint-Marc. CIVITATES IMPIORUM DESTRUET DNS. ET LATOS FACIET TERMOS FIDEI. 7 c.

269. **Nicolas Piccinino**. Tête à g. coiffée du mortier. ℞. Griffon allaitant deux enfants. Sur son collier : PERUSIA. — NI. PICINUS BRACIUS. PISANI. P. OPUS. Q. C. 9 c.

270. La même médaille en plomb.

271. **Nicolas Orsini**. Tête à g. NIC. URS. PET. ET. NOL. COMES. SIP. DU. DO. VE. ARMOR. CAP. GNRALIS. ℞. Guerrier à cheval. NIC. URS. PETILIANI, etc. 4 c.

272. **Strozzi**. Buste à dr. PETRUS STROZZIUS PHI.JT. ℞. Cheval libre. O QUAM DULCIS EXERCITUI LIBERTAS. 4 c.

273. **Taddini**. Buste à g. GABRIEL TADDIN. BERG. EQ. HIER. CAES. TORMENT. PRAEF. GEN. ℞. Une batterie de canons. UBI. RATIO. IBI. FORTUNA. P FUGA. M.CCCCCXVIII. — 4 c.

274. **Nicolas Todinas**. Tête à dr. NICOL. TODIN. ANG ARCIS, etc. ℟. Le château Saint-Ange. 4 c.

275. **François Ier de Carrare**. Buste à dr. FRANCISCUS DE CARRARIA. ℟. Ornements divers. DIE PRIMA JUNII RECUPERAVIT PADUAM. 3 c,

JURISCONSULTES

276. **Arrigoni**. Buste à dr. PAULUS ARRIGONUS SENATUS MEDIOL. PRÆSES. ℟. La Justice assise JUSTITIA CAR. CAES. ET PHILIPPI REGIS SERVATA. 3 c.

277. **Tiberio Deciano**. Tête à dr. TIBERIUS DECIANUS JUR. CONS. UTINENSIS AN XV. ℟. Un homme à genoux devant une femme assise; à ses côtés, la Paix et la Justice. HONESTE VIVAS ALTERA, etc. 3 c.

278. **Horace Fusco**. Tête à dr. HORATIUS FUSCUS ARIMINIEN. J. C. ℟. Femme assise sommeillant; derrière, l'Abondance. NON SEMPER, 1589.

279. **Antoine de Roselli**. Tête à dr. ANTONIUS DE ROYSELLIS. QUI. MONARCHA SAPIENTIE. ℟. Homme assis. CELITUM BENEVOLENDI CH. 4 c.

280. **Jean-Louis Tuscano**. Tête à g. IOANNES ALOISIUS TUSCA. AUDITOR. CAM. ℟. Neptune sur son char. VICTA JAM NURSIA FATIS AGITUR. 4 c.

MÉDECINS

281. **Becart**. Tête à dr. BARTHOLOM. BECARIUS BONON. PHIL. MED. ℟. UNUS INSTAR OMNIUM. Moïse assis contemplant le Soleil. 6 c.

282. **M. Ant. Passeri**. Tête à dr. ANTONIUS PASSERUS PATAVIN. ℟. Deux figures enlacées. PHILOSOPHIA COMITE REGREDIMUR. 4 c.

283. **François Redi**. Buste à dr. FRANCISCUS REDI MDCLXXVII. ℟. Un navire. SONO L'MIO SEGNIO E L'MIO CONFORTO SOLO. 6 c.

PEINTRES

284. **Leone Leoni**. Sa tête à dr. entourée de chaînes. ℟. Buste à dr. de l'amiral Doria. ANDREAS DORIA PP. 4 c.

285. **Jean Lommazo**. Tête à g. IO. PAULUS LOMATIUS. Mercure, Vénus et un troisième personnage debout. UTRIUSQUE. 5 c.

286. **Titien**. Tête de trois quarts, VERA TITIANI EFFIGIES. Dessous, VARIN. Sans revers. 10 1/2 c.

287. **Léonard de Vinci**. Son buste à g. LEONARDUS VINCIUS FLORENTINUS. ℟. Une plume et un pinceau en sautoir. SCRIBIT QUAM SUSCITAT ARTEM. 6 c.

288. **Baccio Bandinelli**. Tête à dr. BACCIUS BAN. SCULP. FIO. ℟. Dans une couronne : CHANDOR ILLESIS. 4 c.

POÈTES

289. **P. Aretin**. Buste à g. DIVUS PETRUS ARETINUS. ℟. La Vérité nue assise couronnée par une Victoire ; à ses pieds, un satyre (VERITAS ODIUM PARIT). 6 c.

290. **Arioste**. Tête à g. LUDOVICUS ARIOST POET. ℟. Ruche enfumée. PRO BONO MALUM. 3 1/2 c.

291. **Della Casa**. Buste à g. MONSIGNOR GIO DELLA CASA ORATOR ET POETA. FLO. Sans revers. 4 c.

292. **Dantes**. Buste à dr. DANTES POETA CARIS. PRIMUS. Sans revers. 4 c.

293. **Pétrarque**. Buste à dr. FRANC. PETRAR. Sans revers. 4 1/2 c.

294. **Homère**. Buste à dr. ΟΜΗΡΟϹ. ℟. Assemblée de dieux et déesses. 4 1/2 c.

295. **Tasse**. Tête à dr. TORQUATUS TASSUS. ℟. Une licorne au pied d'un rocher. 5 1/2 c.

296. **Azzio Syncero**. Tête à g. ACTIUS SYNCERUS. ℟. La Naissance de Jésus-Christ. 3 1/2 c.

297. **Benoît Varchi**. Tête à dr. B. VARCHI. Homme couché sous un arbre. COSI QUAGOCH SI GODE. 5 c.

THÉOLOGIENS

298. **Charles Bandini**. Buste à dr. CAR. BANDINUS LEG., etc. ℟. Saint Jean-Baptiste assis. IO.-BAP. COLL. MACER SOC. IESU. 4 c.

299. **Bernard**, évêque. Buste à g. BERNARDUS EPS. TRIDENTINUS. AETATIS XXXV. ℟. Deux écussons; au-dessus, un bonnet d'évêque. Plomb. 6 c.

300. **Bernardini**. Buste à g. FRANCISCUS SENESIS BERNARDINUS. ℟. Écusson. A. D. M. V. XX. BER. FRAN FUNDAVIT HANC DOMUM. 4 c.

301. **Philippe de Médicis**. Buste à g. PHILIPPUS DE MEDICIS ARCHIEPISCOPUS PISANUS; sous le buste, l'écusson des Médicis. ℟. Le Jugement dernier. ET IN CARNE MEA VIDEBO DEUM SALVATOREM MEUM 5 c.

302. **François Commendone**, poète vénitien. Tête à g. FRANCESCO COMENDUNI. ℟. Personnage à deux faces, tenant une épée; à ses pieds, l'Amour. AMICITIA. 4 c.

303. **Louis**, patriarche d'**Aquilée**. Tête à dr. L. AQUILEJIENSIUM PATRIARCA ECCLESIAM RESTITUIT. ℟. Des troupes se dirigeant vers une église. ECCLESIA RESTITUTA EX ALTO. 4 c.

304. **Paul Pellicani**, né en Alsace. Tête à g. PAULUS PELLICANUS ÆTATIS S. XXX. A. M. D. LVI. ℞. Pélican. FILIORUM CHARITATI. 5 c.

305. **Philippe Pirovani.** Buste à dr. PHILIPPUS PIROVANUS S. ROTÆ ROMANÆ DECANUS. ℞. Un vaisseau. SALUS NOSTRA A DOMINO. 8 c.

306. **Pomponatio.** Buste à dr. L. POMPONATIUS MAN. PHILOSOPHUS ILLUSTRIS. ℞. Aigle apportant une couronne à l'agneau pascal. DUPLEX GLORIA. 4 c.

307. **Thomas.** Buste à dr. THOMAS PHILOLOGUS RAVENNAS ℞. Un aigle apportant un enfant à allaiter à une femme 4 c.

PERSONNAGES DIVERS

308. **Caracalla.** Tête jeune à g. ANTONINUS PIUS AUGUSTUS. ℞. Deux Génies funèbres assis près d'une tête de mort. IO SON. FINE MCCCC.LVI. (Boldu). 8 c.

309. **Caesi.** Buste à dr. FED. CÆSIUS LYNC. PRINC. ET INST. PISA. SPMNIM CAELBR. ℞. Pallas debout. CAESIA PALLAS. 4 c.

310. **Robert Dantis.** Buste à g. ROBERTUS DANTIS CASTELLIONENSIS FIOREN. ℞. Femme debout implorant le ciel. ISPERO IN DEO AN XXVIII. 7 c.

311. **Jules Marasi.** Buste à g. IUL. MARAS. OPTIM. INDOL. ADOL. ℞. Dans une couronne, LYSIPPUS AMICO OPTIMO. 3 c. 1/2.

312. **Jacques Fructuosi.** JACOBUS FRUCTUOSI INDICUS P. P. I. Buste à d. ℞. Un palmier. A FRUCTIBUS EORUM COGNOSCETIS EOS. 5 c.

313. **Nicolas Gabrurio.** Buste à dr. FRANCISCUS. M. NICOLAUS GABRURIUS. PATRICIUS FLORENT. AET. S. LI. M.DCC XXX. ℞. Orphée debout, et deux figures allant au Mont Parnasse, CARPAMUS DULCIA. (Pers., sat. v). 9 c.

314. **Livie Odescalchi.** Tête à dr. LIVIUS I ODESCALCUS. Sous le buste (ANT. DE JANUARIO). ℞. Génie debout tenant une corne d'abondance. D. G. SIRM ET BRAG. DUX, etc. 3 c.

315. Buste à g. LIVIUS ODESC. D. G. SIRM. BRAG. D. 1600. Un port de mer, TUETUR ET ARCET. 6 c.

316. — Buste à dr. LIVIUS I ODESCALCUS. Dessous (S. URBANI OP). 4 c. 1/2.

317. **Julien Particini.** Buste à g. GIULIANO PARTICINI M.CCCC LXXXXII. ℞. Femme implorant le soleil. IN DEO ISPERO AN XXII. 6 c. 1/2.

318. **Jean-Baptiste Pignae.** Buste à dr. IO BAPTISTA PIGNAE. ℞. Pâtre assis, Femme debout, etc. Plomb. 6 c. 1/2.

319. **Plancheio.** Buste à g. PLANCHEIUS, eta. 31. 1544. Plomb sans revers. 8 c.

320. **Saorniano.** Buste à g. D. HIERONYMUS SAORNIANUS OSOPI. Figure nue tenant la ville d'Osope. DEFENSUM OSOPUM IN JESU. 5 c.

321. **Scotti.** Buste de face. EFFIG. HIERONIMI SCOTTI PLACENT. ℞. Palme et laurier. UT CUM QUE. Ovale. Haut. 7 c.

322. **Constance Sforce.** Buste à g. CONSTANTIUS SFORTIA DE ARAGONIA, etc. ℞. Château-fort. INEXPUGNABILE CASTELLUM CONSTANTIUM PISAURENSE. 8 c.

323. **Philibert de Savoie.** Buste à dr. PHILIBERTUS DUX SABAUDIE. ℞. Un roi couronné assis sur son trône, entouré de ses sujets. Q. NON PATER PATRI PHILIP. CUNCTANDO RESTITUIT. 4 c.

324. **Alfons. br.** Buste à g. ALFONSUS BR. DE TROTT. DUC FISCI FE. GUB. Médaille en plomb sans revers. 7 c.

325. **Taddeus Manfredus.** Buste à g. TADDEUS MANFREDUS COMES FAVENTI. ET MOLEO. DAC. INCLITI, etc. ℞. La Fortune assise. SOLA VIRTUS HOMINEM FELICITAT. A l'exergue (OPUS IO FR. PAPIENSIS). 5 c.

326. — Buste à g. PEREGRE. PRISCIA. FERR. RO. EQUI. COM. Q. Médaille en plomb sans revers. 7 c.

327. — Buste à g. GENIUM MORES FORMAM. TIBI PULCHER APOLLO. D. ℞. Une licorne ailée; dessous, OPUS SPERANDEI. 5 c.

328. **Antoine Vinciguerra.** Buste à g. ANT. VINCIGUERRA REIP. VENET. A. SECRETIS INTEGERRIMUS. ℞. Génie de la Musique traîné par des cygnes. CÆLO MUSA BEAT. (OPUS SPERANDEI). 8 c.

329. — Buste à dr. UNA. TI. DIRO. ALTRA. TI. FERO. Sans revers. 7 c.

330. — Buste à g. N Ω A. Sans revers. 8 c.

DAMES ILLUSTRES ITALIENNES

331. **Maria Aragonia.** Buste à dr. derrière, une couronne. MARIA ARAGONIA D. 4 c.

332. **Lipa Ariosta.** Buste à dr. LIPA ARIOSTA. ℞. Mercure apporte une couronne à Vénus, qui est près de Diane. DIGNIORI DICANDA. Haut. 8 c.

333. **Nicolossa Bacci.** Buste à g. NICOLOSSA BACCI DE VASSARI. Plomb. 6 c.

334. **Julia Barotyria.** Buste à g. JULIA BAROTYRIA DE BAIARDI. Sans revers. 5 c.

335. **Laura Bassi**. Buste à g. LAURA. MAR. CATH. BASSI BON. PHIL. DOCT. COLLEG. LECT. PUB. ℟. Minerve et la Science près d'une sphère. SOLI QUI EAS VIDISSE MINERVAM. 7 c.

336. Buste à g. BEATRICE LANG. S. AR. DI VISONA. Sans revers. 5 c.

337 Buste à dr. LEONORAE. CAMB. UXORIS. Sans revers. 7 c.

338. **Violante Canosa**. Buste à dr. VIOLANTE CANOSSA, SUA MOGLIE. ℟. Buste à dr. DEL CONTE FEDERICO SAREGO. 5 c.

339. **Isabel Caraffa**. Ecusson. ISABELLAE CARAFAE DUCISSE, etc. ℟. La Religion près d'une église. ELIGIT SIBI MARIA OPTIMAM PARTEM. 7 c.

340. **Julia Colonna**. Buste à g. IULIA COLUMNA. ℟. Buste à dr. MARTIUS COLUMNA. 3 c.

341. **Jacoba Corrigia**. Buste à dr. JACOBA CORRIGIA FORMAE AC MORUM DOMIN. ℟. L'Amour attaché à un arbre. CESSI. DEA. MILITATIS. 5 c.

342. **Farnesia**. Buste à dr. HIERONIMA FARNESIA. D. S. VITALI. Plomb sans revers. 6 c.

343. **Hadria**. Buste à g. HADRIA DIVI PETRI ARETINI FILIA. ℟. Tête à dr. CATERINA MATER. 4 c.

344. **Nigrona**. Buste à dr. ISABELLA NEGRONA UXOR AET. ANN. XXXXIII. ℟. Buste à g. ANTONIUS MARIA BRACELO. ANN. I. 4 c.

345. **Orsina**. Buste à dr. D. AMARANTA ORSINA. ℟. Une rose. ROSA MIRANDA NATA; dessous, ANAGRAMMA. 3 c.

346. **Gracia Nasi**. Légende hébraïque qui se traduit par GRACIA NASI. A AE XVIII (PASTORINO DE SIENNE). Plomb sans revers. 7 c.

347. **Manfro**. Buste à dr. ISABELLA MANFRO DE PEPOLI. Plomb sans revers. 7 c.

348. **Maurona.** Buste à dr. ANNA MAURONA STAMPA MARSO. ℞. Buste à g. IO. CAR. MORO. FIDEI CATH. PUGN. 4 c.

349. **Rangona.** Buste à dr. ARGENTINA RANGONA PA DICAVIT. ℞. Un Génie couronnant une femme, un Fleuve couché. FIDES ET SANCTA SOCIETAS. 6 c.

350. **Clementia Romana.** Buste à g. CLEMENTIA ROMANA. Sans revers. 4 c.

351. **Rubea.** Tête à g MAGDALENA RUBEA MORIB. ET FORMA INCOMPARABILIS. ℞. L'Amour attaché à un arbre. CESSI DEA MILITATIS, etc. 5 c.

352. **Sacrata.** HIERONIMA SACRATA MDLV. Buste à dr., sans revers. 7 c.

353. **Camille Sforce.** Buste vu de trois quarts. CAMILLA SFOR. DE ARAGONIA MATRONAR. PUDICISSIMA PISAURI DOMINA. ℞. Femme assise sur une licorne et un bélier. SIC ITUR AD ASTRA. (OPUS SPERANDEI.) 8 cent.

354. **Sansedoni.** Buste à dr. CATHARINA SANSEDONI MARSILI NOB. SENENSIS, 1720. ℞. Le Temps fauchant des jeunes filles. NON EST VICISSITUDO. 9 c.

355. **Trotti.** Buste à dr. GINEVRA TROTTI. A. A. XXIII. Plomb, sans revers. 6 c.

356. **Vechi.** Buste à dr. VIRGINIA VECHI. Plomb. 3 c.

357. — Buste de femme à g. ET LONGIUS VIVAT SERVATA FIDE. Un homme portant des fruits sur sa tête ; à côté de lui, l'Amour. IOANNES MARIA POMEDELLO VERONESIS F. 5 c.

358. **Rugeria.** Buste à dr. CAMILLA RUGERIA. Plomb. 6 c. 1/2.

MÉDAILLES FRANÇAISES

359. **Charles VII.** Le roi à cheval. DEUS KAROLUS MAXIMMUS AQUITANIORUM DUX ET FRANCORUM FILIUS. ℟. Le roi assis sur son trône. DEUS JUDITIUM TUUM REGI DA ET JUSTITIAM TUAM FILIO REGIS. 6 c.

360. **Charles VIII.** Buste du roi à g. CAROLUS VIII REX FRANCORUM. ℟. Hercule terrassant un lion, PROVINCIARUM PACATOR. 6 c.

361. **Louis XII.** Buste du roi à dr., avec bonnet et diadème; le champ est parsemé de lis; à l'exergue, un lion. FELICE LUDOVICO REGNATE DUODECIMO, etc. ℟. Buste à g. d'Anne de Bretagne, avec un voile et une couronne, le champ parsemé de lis et d'hermines. LUGDUN. REPUBLICA GAUDENTE., etc. ; à l'exergue, un lion. 11 c.

362. **François Ier.** Buste à dr., avec un chapeau à plumes. FRANCISCUS D. G. FRANCOR. REX CHRISTIANISSIM. 10 c.

363. — Comme comte d'Angoulême. FRANÇOIS, DUC DE VALOIS, COMTE D'ANGOLESME AU X AN. D. S. CA. Buste à dr., avec un bonnet et de longs cheveux. ℟. Une salamandre. NUTRISCO AL BUONO STINGO EL REO. M.CCCCCIIII. 7 c.

364. **Henri II.** Buste lauré et cuirassé du roi à dr. HENRICUS II FRANCOR. REX INVICTISS. P. P. ℟. La Renommée, dans un char, conduisant la Victoire et l'Abondance, TE COPIA LAURO ET FAMA BEARUNT. 5 c.

365. **Charles IX.** CAROLUS IX. GALLIARUM REX CHRISTIANIS. 1565. Buste à dr. ℟. Buste de Catherine à g. CATHARIN. REGI HENRI II. UXOR, FRANCIS ET CAROL. REGUM MATER. 4 c.

366. **Henri IV**. Buste lauré à dr. HENRICUS IV D. G. FRAN. ET NAVAR. REX. ℞. Henri IV et sa femme se donnant la main au-dessus d'un autel. Le soleil éclaire la scène. MAJESTAS MAJOR AB IGNE, 1604. 6 c.

367. **Henri IV et Marie de Médicis**. HENRI IIII. R. CHRIST. MARIA. AUGUSTA. Leurs deux têtes accolées; dessous, 1603 G. DUPRE F. ℞. Henri IV et sa femme debout, se donnant la main; au-dessus, un aigle apportant une couronne; au milieu, le dauphin se coiffant du casque d'Henri IV. PROPAGO IMPERI, 1603. 8 c.

368. **Marie de Médicis**. Buste à dr. MARIA AUGUSTA GALLIAE ET NAVARRAE REGINA. Sans revers 10 c.

369. — Son buste à dr. MARIA AUG. GALLIAE ET NAVARRAE REGINA. ℞. Un navire à la voile, une reine assise à la barre, commande à des nymphes. DEA FACTA SERVANDO DEOS. 6 c.

370. **Louis XIII et Marie de Médicis**. Leurs bustes accolés. LUDOVIC XIII. R. CHRISTI. MARIA MEDICEA AUGUST. ℞. Minerve posant un rameau sur le globe que tient Louis XIII enfant. ORIENS AUGUSTI TUTRICE MINERVA. 5 c.

371. **Louis XIII**. Buste à dr. LUDOVIC. XIII. D. G. FRANCOR ET NAVARAE REX. ℞. Buste de Anne à dr. ANNA AUGUST. GALLIAE ET NAVARAE REGINA. 6 c.

372. **Louis XIV**. Buste casqué et cuirassé, médaillon ovale. Haut. 13 c.

373. **Louis XIV et Anne**. Anne tenant Louis XIV, enfant, dans ses bras. ANNA. D. G. FR. ET NAV. REG., etc. Sans revers. 10 c.

374. **Louis XIV**. Louis XIV à cheval; à l'exergue : ROMA. (IO HAMERANUS F.) 4 c.

HOMMES ILLUSTRES FRANÇAIS

375. **Bellegarde.** Buste à g ROGG. D. BELLEGAR. MAR. D. FRANC. Plomb, sans revers. 5 c.

376. **Robert Briçonnet.** Buste à dr. ROB. BRICONNET AR. DUX REMEN. PRIMUS PAR FRANTIE. ℞. Dans le champ, MARCET SINE ADVERSARIO VIRTUS. 6 c.

377. **Nicolas Brulart.** Buste à dr. NI. BRULARTUS A SILLERY FRANC. ET NAVAR. CANCEL. Son buste à dr.; dessous, G. DUPRÉ F. ℞. Le char d'Apollon. ACTUS IN ORBEM. 7 c.

378. **Charles-le-Téméraire.** Buste à dr. DUX KAROLUS BURGUNDUS. ℞. Bélier couché entre deux briquets. JE L'AI EMPRINS BIEN EN AVEINGNE. 4 c.

379. **Charles**, cardinal de Lorraine. Buste à dr. CAROLUS CARD. DE LOTHERINGIA 1555. Médaille sans revers et découpée. 6 c.

380. **Henriette de Coligny.** Buste à g. HENte DE COLnie Cse DE LA SUZE. Sans revers. 6 c.

381. **Gabrielle d'Estrées.** Buste à g. GABRIELE DESTRÉES, DUCHESSE DE BEAUFORT D. 1597. Sans revers. 6 c.

382. **Diane de Poitiers.** Tête à g. DIANA DUX VALENTINORUM CLARISSIMA. ℞. Diane terrassant l'Amour. OMNIUM VICTOREM VICI. 5 c.

383. — Pièce semblable.

384. **Grandvelle.** ANT. S. R. E. PB. R. CARD. GRANDVELANUS. Buste à dr. Sans revers. 5 c.

385. — Buste à g. ANT. S. R. E. PBR. CARD. GRANVELANUS. (GIOV. MELONE F.). 4 c.

386. **Louise de Valois.** Buste voilé à dr. LOYSE, DUCHESSE DE VALOIS, COMTESSE D'ANGOLESME. Sans revers. 8 c.

387. **Duc de Luynes.** Buste à dr. CH. DALBERT DUC D. LUYNES PAIR ET CONEST. D. FR. 1621. ℞. Main tenant une épée entourée de rameaux. QUO ME JURA VOCANT ET REGIS GLORIA 1621. Argent. 5 1/2 c.

388. **Michel de l'Hopital.** Tête à g. M. OSP. FRAN. CANCEL. ℞. Tour battue par les flots. IMPAVIDUM FERIENT RUINÆ. 3 c.

389. **Armand de Richelieu.** Buste à dr. ARMANDUS IOANNES CARD. DUX DE RICHELIEU. ℞. Char triomphal. TANDEM VICTA SEQUOR (WARIN). Plomb. 8 c.

390. — ARMANDUS IOANNES CARDINALIS DE RICHELIEU. Buste à dr. ℞. Même buste et même légende. 8 c,

391. — Tête à dr. ARMAND. IOAN. CARD. DUX DE RICHELIEU. ℞. Un navire à la voile. HOC DUCE TUTA (DUPRÉ). 3 c.

392. **Seguier.** Buste à dr. PETRUS SEGUIER FRANTIÆ CANCELLARIUS. Sans revers. 8 c.

393. — Buste de femme à g. P. PER. ℞. Jupiter dans un char traîné par deux licornes.

MÉDAILLES ANGLAISES

394. — **Henri VIII.** Buste de face. HENRICUS VIII D. GRATIA ANGLIA REX. ℞. Buste à g. d'Erasme. ΤΗΝ. ΚΡΕΙΤΩ. ΤΑ ΣΥΝΓΡΑΜΜΑΤΑ ΔΕΙΞΕΙ : IMAGO AD VIVA. EFFIGIE EXPRESSA 1519. 8 c.

395. — HENRICUS VIII D. G. ANG. FR. ET. HIB. REX. Buste de face, sans revers. 4 c.

396. **Marie Tudor.** Buste à g. MARIA REG. ANG. FRAN. ET HIB. FIDEI DEFENSATRIX (JAC TREZ.). ℞. La Religion portant un rameau et une torche. CESIS VISUS TIMIDIS QUIES. 6 c.

397. — Sans légende. Buste à g. dans une couronne de roses. ℟. Un chardon accosté par les lettres. M.R. Médaille ovale. Haut. 4 c.

398. **Elizabeth.** Buste à g. ELIZABETH. D. G. ANGLIE. F. ET. HI. REG. Sans revers. Médaille ovale. 5 c.

399. **Charles Ier.** Buste à dr. CAROLUS D. G. MAG. BRI. FR. ET HIB. REX. ℟. Ecusson. HONI SOIT MAL Y PENSE. Le tout gravé en creux. Ovale, arg. doré. 4 c.

400. **Charles Ier.** Buste à g. couronné. ℟. Buste d'Henriette de France à g. HENRIETTA MARIA D. G. MAG. BRITAN. FRAN. ET HIB. REG. (T. RAWLIN. F.). Médaille ovale, arg. doré. Haut. 5 c.

401. **Marie Stuart et Henry.** Leurs deux bustes affrontés; dessous : 1565. MARIA. HENRIC. D. G. REGI. ET. REX SCOTORUM. Écusson entre deux chardons. QUOS DEUS CONJUNXIT HOMO NON SEPARET. Arg., 5 c.

402. Buste à dr. MARIA STOWAR. REGINA SCOTIAE ET ANGLIAE. Sans revers. 7 c.

MÉDAILLES ESPAGNOLES

403. **Alphonse V**, roi d'Aragon. Tête à dr. DIVUS ALPHONSUS REX TRIUMPHATOR ET PACIFICUS. M.CCCC.XL.VIIII. Casque et couronne. ℟. Aigle au-dessus d'un chevreuil abattu et entouré d'oiseaux de proie. LIBERALITAS AUGUSTA (PISANI PICTORIS OPUS). 11 c.

404. **Philippe de Castille.** Buste de trois quarts. PHILIPPUS D. G. REX CASTELLIAE. F. CZ. ARCHIDUX AUST. ETC. Plomb, sans revers. 5 c.

405. **Charles-Quint, Philippe II, Maximilien, Ferdinand.** 4 bustes accolés à dr. Sans revers, médaille ovale. Haut. 7 c.

406. **Charles-Quint, Philippe II.** Leurs bustes accolés à g. ℟. Les colonnes d'Hercule liées par un bandeau. 4 c.

407. — Buste de Ch. V, découpé sur une médaille de bronze doré.

408. **Isabelle.** DIVA ISABELLA AUGUSTA CAROLI V. UX. Buste de trois quarts à g. Plomb. 7 1/2 c.

409. — Buste d'Isabelle, découpé sur une médaille en argent.

410. **Philippe II.** Buste à g. PHILIPUS. AUST. CAROLI. V. CAES. F. ℟. Hercule entre le Vice et la Vertu. COLIT ARDUA VIRTUS. 8 c

411. — Buste à g. ℟ Buste d'Isabelle. ISABELLA REGINA PHILIPPI II. HISPAN REGIS (PAUL POG. F.). 4 c.

412. — Buste de Philippe II, découpé sur une médaille d'argent.

413. — Un pareil plus petit module.

414. **Marguerite d'Autriche.** Buste à dr. MARGARETA DE AUSTRIA. ℟. Génie tenant une épée et une palme. FAVENTE DEO. 6 c.

415. — Buste à g. MARGARITA AUSTRIA. Sans revers. 5 c.

416. **Ferdinand Davalos.** Buste à dr. FERDINAND FRAN. DAVALOS DE AQUIN. MAR. P. ℟. Hercule cueillant les pommes du Jardin des Hespérides. QUAMVIS CUSTODITA DRACONE. 7 c.

417. **Castaldi.** IO. BA. CAS. CAES., etc. Buste à g. ℟. La Transylvanie couchée. TRANSYLVANIA CAPTA. 4 1/2 c.

418. **Ursule Lopez.** Buste à g. URSULÆ LOPEZ. M. P. C. AET. XVIII. Plomb sans revers. 6 c.

419. **Majus.** Buste à g. MAIUS OVATOR CÆSARIS. ℟. Enfant debout jouant avec des serpents. 6 c.

420. **Mendocia**. Buste à dr. INICUS LOPEZ MENDOCIA MARC. MONDE. Sous le buste (I. V. MILONE F.). 5. c.

421. **Montalte**. Buste à dr. ALOYSIUS PRINCEPS DUX MONTIS ALTI, etc. ℟. L'Équité tenant une colonne et une balance. IN OMINIBUS EGO. 6 c.

422. **Rata**. Buste à dr. DIONUSIUS DE RATA UTR. SIC. REF. ET S. INQUISIT., etc. ℟. Légende en 9 lignes. DIVO PETRO MARTYRI, etc. 7 c.

423. **Pierre de Tolède**. Buste à dr. PETRUS TOLETUS OPT. PRIN. ℟. Le duc relevant la Justice. ERECTORI JUSTITIÆ. 3 c.

424. **Charles VI**. Buste à dr. dessous. (OTTO AMERANI) CAROLUS VI. D. G. IMP. ET III. HISP. REX. ℟. L'Afrique et l'Amérique tenant chacune une couronne ; au-dessus, une Victoire. PATET ORIENS. 5 c.

MÉDAILLES ALLEMANDES

425. **De Angelis**. Buste à dr. J. DE. S. MARIAE. DE ARA , etc. ℟. Buste à g. MARCH. IO. PHIL. EQU. ET PRIOR. S. STEPH. PATRUO. RES. M.D.CCI. 5. c.

426. **Frédéric III et Maximilien Ier**. Leurs bustes accolés. DIVI FRIDRICHUS. III PAT. ET MAXIMILIANUS FILI. IMPER. ROMANI. ℟. Ecusson et couronne NOBILISS. AC. ILLUSTRISS. DOMUS AUSTRIACAE INSIGNIA. AN. 1531. 5 c.

427. **Hetzel**. Buste à g. HANS HETZEL XXVIII. M.D.XXVIII. Plomb, sans revers. 4 1/2 c.

428. **Erasme**. Buste à g. IMAGO AD VIVA. EFFIGIE. EXPRESSA. 1531. ER. RO. ℟. Buste sur une base. MORS. ULTIMA. LINEA RERUM. Argent, 3 1/2 c.

429. **Jean Frédéric**. Buste de 3/4 à dr. IOANNS FREDERICUS ELECTOR DUX SAXONIAE, etc. ℞. Ecusson. SPES MEA EST IN. DEO. ANNO NOSTRI SALVATORIS. M D.XXXV. 6 c.

430. **Georges de Saxe**. Un bouclier planant au-dessus de la ville de Leipzig. CHURF HANS GEORG. Z. SACHSEN GUT FUR GOTTES EHRE, etc. ℞. Hercule enfant et trois personnages allégoriques. ALCIDI PUERO. VIRTUS MONSTRAT, etc. Argent doré. 6 c.

431. **Elizabeth** de Hongrie. Buste à g. ELISABETA. FILY. ANDR. REG. UNGAR. Gravé en creux. ℞. également gravé en creux. OBIIT MARC AO MCCXXXI. DISPERSIT, etc. Argent. 3 1/2 c.

432. **Georges**. Marquis de Brandebourg. Buste à dr. G. G. GEORG. MARCH. BRUN. CZ. HERCZ. IN. SCHLE. ℞. Buste à g. V. G. G. AEMILIA. MARC. ZU. BA. GEBORNE HERCZ. ZU ZACH. Argent. 3 c.

433. **Haintzel**. Buste à dr. PETER HAINTZEL BURGER VON AUGSBURG. SEINES. ALTERS XXII. Plomb, sans revers. 6 c.

434. **Jean Hus**. Buste à dr. IOA HUS. CREDO. UNAM ESSE ECCLESIAM. etc. ℞. Jean Hus attaché sur le bûcher. IO. HUS. ANNO A CHRISTO NATO, 1415. Argent doré. 4 c.

435. **Kriel**. Buste à dr. NICOLA KRIEL DOCTOR AET., 21. Plomb, sans revers. 2 c.

436. **Luther**. DOCTOR MARTINUS LUTHERUS AETAT 63. Buste de face. ℞. Gravé en creux. GOTTES WORT LUTHEIR LEHR VERGEHET NIEMAND IMMER MEHR. Argent. 5 c.

437. — Buste à dr. JUBILAEUM SECUNDUM MARTINUS, etc. ℞. Buste à g. de sa femme. CATHARINA VON BORA D. LUTHERS FRAU GEMANLIN. Argent. 4 c.

438. — Buste à g. HENRICUS VOR AU. E. CO PA. RE ET DA Plomb sans revers. 4 c.

439. **Louis**, comte palatin. Buste à dr. LUDOVICUS DEI GRATIA COMES PALATINUS RHENI AETATIS SUE LVII. ℟. Trois écussons. DUX BAVARIAE SACRI ROMANI IMPERII, etc. Plomb. 4 c.

440. **Maximilien**. Buste à g. MAXIMILIANUS. D. G. BOHE REX. Sans revers. 7 c.

441. **Maurice d'Orange**. Buste de face. MAURITIUS AUR. PRINC. COM. NASS. 1615. Ovale, sans revers. Haut., 5 c.

442. **Maximilien**. Buste à dr. MAXIMILIANUS, etc. ℟. Buste de Marie de Bourgogne. MARIA KAROLI F. DUX. BURG, etc. 5 c.

443. **Alexandre-Rodolphe**. Buste à dr. ALEXANDER RODOLPHUS. Plomb, sans revers. 5 c.

444. — Buste de face. HIERONIMUS ROTENCATER. Plomb, sans revers. 5 c.

445. **Philippe**, comte palatin. PHILIPPUS CO-PA-RHE. DUX BAIO. Z. G. MA. AN. XXXX. ℟. Ecusson surmonté de deux heaulmes. FACIEM TU. ILLIMINA SUPER. SER. TU. M.D.XXVIII. 3 c.

446. — Trois bustes accolés à dr. GEOR HERMANN. CUNRA. MAIR HEN. RIBISCH DOCTOR. ℟. Trois écussons. QUAM JUCUNDUM HABITARE FRATRES IN UNUM. M.D.XXXI. 4 c.

447. **Melchior**. Buste à dr. IOANNIS MELCHIORIS PRINC. PRŒP. AE. 30. AN. 1518. ℟. Une Femme appuyée sur une colonne. ANIMO FORTI VINCITUR CUPIDO. Plomb. 6 c.

448. **Schwartz**. Buste à dr. MATTHAEUS. SCHWARTZ. CIVIS. AUGUST. SUAE AETAT. LIII. ℟. Écusson, heaulme, monogramme. QUARE SUUM QUIA OMNE. 4 c.

449. **Ursule**. URSULA GEPOREN GREVIN ZU SOLMS IHRS. ALTERSIM. XVII. Plomb sans revers. 5 c.

450. **Sébastien**. SEBASTIAN IMM. HOFF. DER ELTER AETAT. LIX. M D.L.XX. Buste de face. Plomb. 5 c.

451. **Schweigger**. Buste à dr. SALOMON SCHWEIGGER AETA. SUAE LIIII. Plomb, sans revers. 5 c.

452. **Schmidt Platner**. Buste à g. SCHMIDT PLATNER AU-GOUSTA. KOL. MAN., etc. Plomb, sans revers. 7 c.

453. **Guillaume et Sophie.** Bustes accolés. WILH. UD. V. PR. ARR. ET NASS SOPH. WILH. D. G. PR. R. B. (I. C. HOLTZA-VEV FEC.). ℞. Génie tenant un écusson. OP. HET. PLEG-TIG., etc. Argent. 3 c.

454. **Marguerite** Buste à dr. MARGARETHA. MARGRAVIN. ZU. BADEN, ETC. ℞. Deux lions soutenant un écusson. Plomb. 4 c.

455. **Vitil.** Buste à dr. GEORGII VITIL. AUGUSTANI ANNO AETATIS. XXXVI. MDXXXII. Plomb, sans revers. 6 c.

456. **Zachaeus**. Buste de face. VIVA IMAGO ZACHAEI MUHE-MERI. Plomb, sans revers. 3 c.

457. — Buste du roi **Priam**, avec la corne d'Ammon. ℞. Buste d'HÉLÈNE. Médaillon ovale. Haut. 7 c.

458. **Ladislas IV**, roi de Pologne. LADISLAUS IV D. G. POL. ETC. Son buste de face. ℞. LOUISE-MARIE DE GONZAGUE. Buste de trois quarts à dr. LUDOVICA MARIA, etc. Argent doré. 5 c.

459. **Gustave Adolphe**. Buste de face entre une épée et une couronne. GUSTAVUS ADOLPHUS. D. G. REX SUECORUM GTH. Plomb, sans revers. 8 c.

460. **Gustave-Adolphe**. Buste à dr. GUSTAVI ADOL. II. D. G., etc. ℞. Buste à g. de Marie-Eléonore. MARIA ELEONORA D. G. SUECO., etc. Argent. 6 c.

461. — Buste de face. GUST. ADOLPH. D. G. SUEC. GOTH., etc. ℞. Une épée, une palme, une branche de lauriers, une couronne. STANS. ACIE. PUGNAM, etc. 4 c.

462. **Serment des trois Suisses**. WILHEM TELL. VON. URC. STOUFFACHER VO. SCHWITZ. ERNI. VO. UNDERWALD, etc. ℞. Ecusson des cantons suisses. Argent doré. 5 c.

463. 8 Médailles en plomb avec portraits, mais sans légendes ni revers. Ce lot pourra être divisé.

464. 43 Médailles non cataloguées, de différents siècles et pays. Ce lot sera divisé.

465. 75 Plaques en bronze, des XVe, XVIe et XVIIe siècles, représentant les portraits d'hommes illustres, des sujets guerriers, mythologiques, religieux, historiques, œuvres souvent très-belles des graveurs en médailles, italiens, allemands, français, etc., tels que :

Caradosso, de Milan.

Poliaolo, de Florence.

Jean Fiorentino.

Berti.

Vin Valerio, etc.

466. 16 Scarabées en cornaline (Etrusques).

467. 20 Pièces antiques en or, bagues et boucles d'oreilles.

468. Vases en terre cuite, variés de formes.

469. Verre antique.

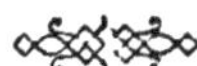

Renou et Maulde, imprimeurs de la Compagnie des Commissaires-Priseurs, rue de Rivoli, 144. 58274

PARIS
12, RUE VIVIENNE

LONDRES
HAY - MARKET, 27

ROLLIN & FEUARDENT

Antiquités, Médailles Grecques, Romaines,
du moyen âge & modernes

LIBRAIRIE NUMISMATIQUE.

Paris, le 19 Juin 1867

Monsieur

Je vous adresse seulement deux pièces sur les quatre que vous désiriez le n° 399 a monté à 41. & le 400 a 43. l'amateur qui était en concurrence avec nous paraissait décidé à pousser ces deux pièces à des prix élevés j'ai alors cru devoir m'abstenir d'autant plus que je les connais toutes deux à Londres beaucoup plus belles et je crois à 30. ou 32 schellings chacune. Je vais de suite vous les demander et

je pense que vous serez satisfait de
ce que j'aurai fait

Veuillez me croire Monsieur
votre bien dévoué serviteur

Jeuardin

le n° 397 a été adjugé à 20
et le 398 " 30.

www.ingramcontent.com/pod-product-compliance
Ingram Content Group UK Ltd.
Pitfield, Milton Keynes, MK11 3LW, UK
UKHW020344180726
13839UKWH00002B/915